善行天下

中华慈善总会　编
刘伟　浦善新　主编

中国社会出版社
国家一级出版社 · 全国百佳图书出版单位

图书在版编目（CIP）数据

善行天下．2001／中华慈善总会编；刘伟，浦善新主编．—北京：中国社会出版社，2020.8

ISBN 978－7－5087－6397－2

Ⅰ.①善…　Ⅱ.①中…②刘…③浦…　Ⅲ.①慈善事业－成就－中国　Ⅳ.①D632.1

中国版本图书馆 CIP 数据核字（2020）第 164788 号

书　　名：善行天下 2001
编　　者：中华慈善总会
主　　编：刘　伟　浦善新

出 版 人：浦善新
终 审 人：尤永弘
策划编辑：刘宏国
责任编辑：余细香

出版发行：中国社会出版社　　　**邮政编码：**100032
通联方式：北京市西城区二龙路甲 33 号
电　　话：编辑部：（010）58124835
邮购部：（010）58124848
销售部：（010）58124845
传　真：（010）58124856
网　　址：www.shcbs.com.cn
shcbs.mca.gov.cn
经　　销：全国各地新华书店

中国社会出版社天猫旗舰店

印刷装订：中国电影出版社印刷厂
开　　本：185mm×260mm　1/16
印　　张：15
字　　数：220 千字
版　　次：2020 年 9 月第 1 版
印　　次：2020 年 9 月第 1 次印刷
定　　价：50.00 元

中国社会出版社微信公众号

《善行天下》编委会

《善行天下》支持单位

（按单位拼音字母顺序排列）

北京兆泰集团股份有限公司

长城保险经纪有限公司

国家开发银行股份有限公司

泰康保险集团股份有限公司

中国银行股份有限公司

打造弘扬中华慈善文化主阵地

浦善新

慈善事业是社会保障的重要组成部分，与社会救助、社会福利、社会保险等相衔接构成完备的社会保障体系，是对政府实施的社会福利和社会救助行为的必要补充。慈善事业发展水平是体现一个国家、一个社会文明程度的重要标志。大力发展慈善事业，对于救助困难群众，改善贫困人口的生活状况，调节不同群体、不同阶层之间的利益关系，加强不同群体之间的理解、交流和互助，缩小贫富差距，缓解社会矛盾，促进社会公平，建立诚挚、友爱、和谐的人际关系，提高社会凝聚力，构建和谐社会，增进社会稳定，都具有十分重要的作用。

改革开放后，随着政治经济环境变化，慈善事业逐步得到党和政府肯定，社会各界参与慈善活动的积极性不断增强，慈善事业进入了快速、全面发展的历史新时期。党的十八大以来，以习近平同志为核心的党中央高度重视慈善事业，对发展慈善事业提出了更高的要求。2016年颁布实施的《中华人民共和国慈善法》，为发展慈善事业，弘扬慈善文化，规范慈善活动，保护慈善组织、捐赠人、志愿者、受益人等慈善活动参与者的合法权益提供了法律依据，开创依法慈善新时代。习近平总书记在党的十九大报告中明确指出，要加强社会保障体系建设，"完善社会救助、社会福利、慈善事业、优抚安置等制度"。2019年根据十九届三中全会审议通过的《中共中央关于深化党和国家机构改革的决定》《深化党和国家机构改革方案》和第十三届全国人民代表大会第一次会议批准的《国务院机构改革方案》，在最新一轮的机构改革中，民政部新设了慈善事业促进和社会工作司，负责拟订促进慈善事业发展政策和慈善信托、慈善组织及其活动管理办法，拟订社会工作和志愿服务政策，组织推进社会工作人才队伍建设和志愿者队伍建设，为慈善事业的健康发展提供了组织保障。十九届四中全会通过的《中共中央关于坚持和完善中国特色社会主义制度、推进国家治理体系和治理能力现代化若干重大问题的决定》进一步要求："重视发挥第三次分配作用，发展慈善等社会公益事业""鼓励支持社会力量兴办公益事业，满足人民多层次多样化需求，使改革发展成果更多更公平惠及全体人民”，进一步明确了慈善事业在国家经济社会发展中的地位与作用。2020 年 7 月 21 日，习近平总书记在企业家座谈会上希望企业家承担社会责任，“企业既有经济责任、法律责任，也有社会责任、道德责任”，“只有真诚回报社会、切实履行社会责任的企业家，才能真正得到社会认可”。

中国社会出版社作为民政部主管、财政部为出资人的中央文化企业，始终牢记习近平总书记“民政工作是菩萨事业，做菩萨事业就得怀着菩萨之心，怀着大爱之心、爱民之心”和各级民政部门要“聚焦脱贫攻坚，聚焦特殊群体，聚焦群众关切”的教诲，按照民政部党组“充分发挥中国社会出版社民政文化建设主阵地作用”的要求，牢固树立“民政为民，民政爱民”的核心理念，时刻把坚持正确的政治方向放在首位，严把政治方向、舆论宣传导向、社会导向和价值导向，把公益慈善、扶贫济困、助残救孤、邻里相帮、守望相助、团结友爱、无私奉献、尊老孝亲、扶老携幼、家庭和睦等弘扬中华民族优秀文化的选题作为编辑出版图书的优先方向，时刻牢记以人民为中心的创作导向，勇于承担媒体的社会责任，坚持“立足民政，面向社会，服务大局，扎根基层”的立社方针，始终把社会效益放在第一位，把社会价值放在优先位置，把满足人民群众的基本文化需求、丰富城乡社区居民的精神文化生活、保障贫困群众的基本文化权益作为我们的奋斗目标，积极开展慈善公益活动，参与打赢脱贫攻坚战。2013 年以来，援建城乡社区图书室、夕阳红图书室、爱晚书屋、爱心书屋 19750 个，援建图书 800 多万册，码洋 13031 万元；向韬奋基金会等社会组织、幼儿园、学校和福利院、养老院等社会服务机构捐赠图书 66200 册，码洋 960 万元。2019 年以来，向定点扶贫县江西省莲花、遂川两县捐赠 40 万元现金和价值 40 万元图书，组织员工购买定点扶贫县农产品共折合人民币 116505 元。

慈善事业作为一项社会公益事业，其发展离不开全社会慈善意识的不断增强，离不开良好的社会舆论氛围。弘扬以自觉自愿奉献爱心、助人利他、尊卑同一、救危解难为核心价值理念的慈善文化，大张旗鼓地宣传善人义举，让慈善事业家喻户晓，不断强化公民的慈善意识，是提升全民道德修养、促进精神文明建设、构建社会主义和谐社会所不可或缺的重要手段。打造中华慈善文化宣传主阵地，更好地弘扬中华民族扶危济困、扶弱助残、乐善好施、行善积德、助人为乐、慈善为民、善举济世、一方有难八方支援的传统美德和优良传统，让爱心奉献者内心充实、情感升华，使被救助者更加真切地感受到人间真情、社会温暖，提升社会公众对慈善文化的认知水平，彰显慈善正能量，普及慈善精神和文化，提高和夯实我国社会文明进步的软实力，营造更加有利于慈善事业发展的社会舆论环境，倡导“人人心怀慈善，人人参与慈善”的社会风气，营造传播慈善理念、献身慈善事业的良好社会氛围，一直是我们的努力方向。为此，我们几年前就开始策划出版全面反映我国慈善公益事业发展的权威读物——《善行天下》。

感谢中华慈善总会的领导，特别是民政部老领导、中华慈善总会宫蒲光会长对慈善文化宣传工作的重视和支持！由中华慈善总会组织编辑、中国社会出版社出版发行的《善行天下》终于在慈善法实施4周年之际面世了。本书以弘扬中华优秀慈善文化为宗旨，立足中华慈善总会，面向社会大众，通过介绍各地政府和慈善组织在宣传、普及《中华人民共和国慈善法》方面取得的成绩，总结宣传以中华慈善总会为代表的慈善组织引领广大人民群众“树立慈善意识，参与慈善活动，发展慈善事业”的实践与经验，宣传各级慈善组织及其相关业务工作，报道企业和个人慈心助人、善举济世的故事；倡导“企业公民”精神，培养企业和企业家的慈善意识和社会责任感，刊登民间力量创新慈善公益事业的做法，为慈善公益从业人员搭建探讨和推动慈善公益事业发展的交流平台；强化公民的社会责任意识、关爱他人意识和感恩回馈意识，培养、激发全社会的慈善公益意识和助人为乐的社会道德使命感；倡导以慈善为风尚的现代生活方式，促进全面小康社会建设，让善与爱回归人心，回归生活；让越来越多的人关心慈善公益事业，加入慈善公益队伍，让善言善行善心成为国人的习惯和时代风尚，共同为实现中华民族伟大复兴梦添砖加瓦。

中华慈善文化源远流长。让我们用文化之无形力量，点燃慈爱之圣火，照亮公益之大道，怀仁爱之慈心，行济困之善举，共助善行普天下！

（作者系中国社会出版社社长、总编辑）

目　录

权威声音

善解慈政

慈善动态

慈善影像

慈善人物

特别视点

社会责任

扶贫济困

社区慈善

小善大爱

环球慈善

慈善文化

善绎人生

权威声音

一言之善，重于千金。

——葛 洪

慈善事业：疫后反思

第十三届全国人大社会建设委员会副主任委员、中华慈善总会会长 宫蒲光

引言

毛泽东曾指出，“通过实践而发现真理，又通过实践而证实真理和发展真理。”2020 年突如其来的新冠肺炎疫情既是一场无妄之灾，也是一次难忘的磨难和洗礼。对于慈善事业而言，既在疫情中考验了工作、展现了力量、锻炼了队伍，也为今后的发展积累了经验、明确了方向、坚定了信心，在许多方面收获了难能可贵的启示。

慈善事业是利国利民的伟大事业，是我国社会多层次社会保障体系的重要组成部分，是社会救助制度和兜底保障制度的有益补充，是实现社会第三次分配的关键要素，是社会主义核心价值观的重要体现，在消除贫困、促进社会和谐方面具有特殊的作用，是国家治理体系与治理能力现代化不可或缺的重要力量。在举国同心、万众协力抗击新冠肺炎疫情这场浩大的人民战争中，慈善行业与全国各行各业一样，经历了一场严峻考验和实战检验。在这场疫情大考中，我国慈善事业既展现了夺目的风采，也暴露了存在的问题，同时也为今后发展收获了宝贵的启示。

慈善事业在大考中展现了夺目的风采

党和国家高度重视慈善事业。在改革开放后不久，就重启了新中国的慈善事业。2004 年 9 月，党的十六届四中全会通过的《关于加强党的执政能力建设的决定》中，首次将发展慈善事业放在构建社会主义和谐社会的高度来认识。2005 年《政府工作报告》首次明确提出“支持慈善事业发展”。此后，历届党代会报告和历年政府工作报告，都明确表示对慈善事业的重视与支持。以习近平同志为核心的党中央，在党的十八大、十九大报告中都明确“支持发展慈善事业”。在今年

《政府工作报告》中，李克强总理再次强调：要“支持慈善事业健康发展”。2014年11月，国务院专门出台了《关于促进慈善事业健康发展的指导意见》，这是第一个中央政府促进慈善事业发展的专门文件。

2016年《中华人民共和国慈善法》（以下简称《慈善法》）颁布出台，国务院有关部门相继出台了《慈善组织认定办法》《慈善组织公开募捐管理办法》《公开募捐平台服务管理办法》《慈善组织保值增值投资活动管理暂行办法》等二十多个配套文件和法规，江苏、浙江、北京、安徽、江西、陕西等省市也出台了相关法规和政策，初步形成我国慈善法律法规体系，为我国慈善事业发展奠定了可靠的政策法制保障。目前我国慈善事业方兴未艾，形成了多元化、组织化、规范化发展的良好态势。据中国慈善联合会统计，2018年度，全国接受国内外款物捐赠1624.15亿元人民币，其中内地全年捐赠1439.15亿元，现金捐赠总额突破1000亿元，创历史新高，占GDP总量的0.16%，人均捐赠103.14元；参与志愿服务的达1.98亿人，以社会捐赠总量、全国志愿服务价值和彩票公益金三者之和形成的社会公益总价值达3265.2亿元。截至2020年4月30日，全国登记认定慈善组织超过7500个，净资产合计约1600亿元，全国各级民政部门通过“慈善中国”备案公开募捐方案16113份。从1998年抗洪抢险到2008年汶川地震，在历次国家重大灾难救助中，慈善事业都发挥了十分重要的作用。在此次抗击新冠肺炎疫情中，慈善事业更是可圈可点，再展风采。

积极响应国家号召，全面迅速融入抗疫大局

在这场中华人民共和国成立以来传播最快、感染范围最广、防控难度最大的一次重大突发公共卫生事件突如其来的时刻，党中央带领全国人民沉着应对、果断处置，习近平总书记亲自指挥、亲自部署，打响了一场全民投入的人民战争、总体战、阻击战，统一了全社会的意志，凝聚了全社会的力量，调动了全社会的资源，最大限度发挥了中国共产党的坚强领导和社会主义制度全国一盘棋集中力量办大事的优越性，也充分展现了改革开放40多年形成的强大综合国力和巨大社会力量。疫情发生后，党中央号召共产党员自愿捐款支持疫情防控工作，习近平总书记和中央政治局常委同志带头捐款，全国广大党员积极响应，约8000万党员自愿捐款83.6亿元。在党和国家的号召下，全国慈善行业同心同德，共赴国难、共克时艰，民政部及时发出《关于动员慈善力量依法有序参与新型冠状病毒感染的肺炎疫情防控工作的公告》；中华慈善总会在2020年1月25日第一时间向全社会发出“呼吁书”，同时启动了“抗击新冠肺炎，我们在行动”公开募捐行动；陕西省慈善协会在1月26日全省启动突发公共卫生事件一级响应的当天，迅速建立了慈善抗疫联动机制；中国慈善联合会1月27日发出“凝心聚力，打赢疫情防控阻击战”的倡议。中国红十字会总会，中国红十字基金会，湖北省红十字会、慈善总会，武汉市红十字会、慈善总会，上海、深圳、重庆、广西、山东、内蒙古、河南、青海、贵州、辽宁、安徽、浙江、天津等地的慈善总会、红十字会，中国光彩事业基金会，北京韩红爱心慈善基金会，湖北省青少年发展基金会，中国华侨公益基金会，中国青少年发展基金会，中国人口福利基金会，中国妇女发展基金会等，以及全国各地、各级、各类慈善组织纷纷发出“抗击疫情，爱心捐赠”的倡议书，立即行动起来全力以赴投入社会动员，劝募抗疫急需的口罩、防护服、护目镜、呼吸机、救护车、消杀药剂等各类物资和资金。全国慈善组织很快就融入了中华民族奋起抗疫的滚滚洪流，形成慈善助力抗击疫情的强大正能量。

慈善组织倾心竭力牵线搭桥、广开善源、链接资源，为抗击疫情作出重要贡献

各地慈善组织放弃宝贵的春节假日，加班加点、恪尽职守、尽心竭力地投入到募捐和善款善物的拨付转运工作之中。他们充分发挥链接资源的作用，搭起了社会爱心善意与疫区迫切需要之间的桥梁，广开善源，畅通渠道，为捐赠者大开方便之门，提供周到细致的服务。湖北疫区1月23日封城之后，前10天每天接受全国各地捐款均超过7亿元，接近2003年抗击“非典”时8个月接受捐款总额的两倍。根据民政部发布的数据，截至4月23日，全国各级慈善组织、红十字会共接受社会各界捐款419.94亿元，接受10.94亿件抗疫急需物资，捐赠款物（含物资折价）相当于各级财政抗疫总投入资金的近1/3（据4月20日财政部公布数据，全国各级财政共安排疫情防控资金1452亿元）。据中国慈善联合会统计，从接受捐赠主体看，慈善会、红十字会和各类基金会接受捐赠占比为40.2%、26.8%和22.4%，接受九成善款善物；从捐赠主体看，国内企业、社会组织和个人捐赠占比分别为90.3%、4.7%、1.8%，其中民营企业在企业捐赠中占比为59.9%，国有企业占比为31.1%。腾讯、阿里巴巴、中国医药、蒙牛、恒大、中国烟草、字节跳动、伊利、百度、波司登、美的、招商局、建行、美团、碧桂园、飞鹤、招行、吉利、国家电网、三峡集团、泰康、劲牌、中石油、世纪金源、茅台、融创、华润、中国移动、东风汽车、保利集团、君乐宝、工行、快手、网易、拼多多、万科、新浪、中信银行、玖龙纸业、北汽、安踏、汤臣倍健、宝马等国内外知名企业和曹德旺、马云、马化腾、秦英林、张庭、黄晓明、韩红等著名企业家、演艺明星都慷慨解囊、踊跃捐赠，还有4200万名爱心人士在互联网上参与捐赠。

中华慈善总会与轻松筹等10家互联网公开募捐平台合作，共接受捐款近8200万元，开出的收据就有97万张；湖北省慈善总会自1月26日起，十天内接受社会各界捐赠就达38.03亿元；浙江省慈善联合总会1月24日启动抗“疫”募捐预案、27日首批N95口罩就送达武汉；北京韩红爱心慈善基金会第一时间发起筹款，仅1月30日—2月1日募集善款就超过2亿元，展现出“互联网+慈善”的速度和力量。在常熟，90岁高龄的老党员陆仲良在春节假期后第一个工作日就将2000元现金交给市慈善总会；在郑州，河南省民政厅86岁的离休干部、老党员许素英通过河南省慈善总会捐出了多年的积蓄3万元；在苏州，昆山籍中国工程院院士钱七虎向武汉捐赠650万元用于抗击疫情……此外，面对全球疫情肆虐，截至5月4日，中国企业、社会组织等民间力量对外捐赠超过9.3亿元人民币，各类口罩超5700万只，展现了我们作为负责任大国的情怀和担当。疫情期间，人们奉献的不仅是抗疫迫切需要的款物，还是对国家抗疫的巨大物质支持，更是一份弥足珍贵的慈善之心、仁爱之情、报国之志，令人感动。

慈善志愿服务成为抗疫的重要生力军

在今年的《政府工作报告》中，李克强总理将志愿者与社区工作者、公安干警、基层干部、新闻工作者并列起来，对志愿者在疫情防控中的作用给予了充分肯定。在整个疫情防控阻击战中，慈善组织不仅是慈善募捐的生力军，也是为抗疫提供服务保障的志愿服务的生力军。在疫情防控中，全国有20万名社会工作者投身抗疫工作，他们在网上义务开通服务热线近4000条，在网上为病患者和医务人员以及家属开展精神抚慰、心理疏导、情绪调节和生活帮助等各类的社工服务，并开设系统讲座，培训一线社工人员和志愿者，累计服务200余万人。疫情期间，武汉当地许多志愿者无私无畏，主动请缨，毫无条件地投入到物资搬运、医护人员接送、病患者和医务人员的生活保障、社会秩序的维护、火神山雷神山医院和方舱医院的建设运维等为抗疫一线提供基础服务保障的工作之中，发挥了十分重要的作用。疫情扩散到全国之后，全国各地普遍开展了疫情防控志愿服务，各地志愿者积极参与社区管控、防疫宣传、人员排查、隔离人员管理和生活保障、困难群众帮扶等工作之中，他们冒着感染疫病的风险，无畏无惧，默默无闻，勤勤恳恳坚守在自己平凡而不可或缺的岗位之上。

中华慈善总会在蒙牛集团的捐助下，联合北京蓝天救援队，组织300多名志愿者管理运行了武汉黄陂区捐赠物资应急仓库，从1月26日至3月25日，累计接受转运来自国内外的捐赠物资2000余万件，配送投放范围覆盖湖北省全域3000多家医院和单位，占湖北省慈善总会转送物资总量的近50%。他们还在湖北和北京等地开展了纳爱斯和玖龙纸业“防疫消杀行动”，参与者达上万人次，受益人达2200万人。他们还积极参与国际抗疫援助行动，推进“一带一路”建设，专门赴柬埔寨捐赠物资，培训防疫工作人员。蓝天救援队机动队队长许鹏，在往湖北运送抗疫物资时光荣牺牲，年仅39岁，谱写了新时代抗疫志愿服务的不朽华章。在湖北，“英山nCoVRelief科学防疫志愿中心”“代表月亮消灭病毒志愿者联盟”“火星志愿者联盟”“武汉留守孕妈支援团队”“一呼一吸抗疫呼吸机志愿小组”等一大批自发形成的志愿者团队各施所长、日夜奋战，有力支援了抗疫斗争；在北京，志愿者发起“京鄂iwill志愿联合行动”，通过线上对接志愿者资源，与湖北形成志愿服务合力共同抗疫；在陕西，省慈善协会志愿者分会（总队）面向全省慈善志愿者发出倡议，41支直属志愿者团队和广大慈善志愿者积极行动，1万余名志愿者加入抗击疫情第一线；在成都，市慈善总会与社会福利和慈善事业发展中心联合成立了成都市慈善联合党支部志愿服务队；在临沂，市慈善总会积极发动、组织慈善志愿者开展志愿服务活动，他们或在社区、村居积极参与疫情防控宣传和值守工作，或不辞辛劳向各个定点医院、养老院等单位运送防疫物资。据民政部统计，疫情期间各地配合疫情防控工作，开展各类志愿服务项目超过35.9万个，参与人员达691万人，志愿服务时间达2.3亿小时。这些众多的点点滴滴志愿服务汇聚成抗击疫情的磅礴力量，成为中华民族团结战疫不可或缺的一支生力军。

坚持依法行善、依规管理，努力做到阳光慈善

在疫情初期，民政部专门发出通知，要求慈善组织依法规范开展慈善募捐，此后，审计署、财政部、工信部也发文提出要求。民政部还专门派出工作组赴武汉指导慈善捐赠管理工作。全国慈善组织认真贯彻、严格遵守相关规定，依法依规开展募捐备案、信息公开、财务管理，收到捐款尽快拨付，接到捐赠物资及时转交，快进快出、不延滞截流。疫情期间，全国大多数慈善组织以互联网作为主要工作平台，在筹募信息公开、组织联合行动、协调款物捐赠、防疫物资运送、一线通勤保障、对接志愿者资源等方面发挥了重要作用，促进了信息公开，提高了工作效率，拓宽了互动联通渠道，增强了合作意识，推动了慈善领域的团结协作。与此同时，大多数慈善组织能够通过官网及时全面公布慈善款物的接受、拨付及使用情况，做到规范操作、阳光慈善。截至 4 月 30 日，中华慈善总会共接受捐款 3.49 亿元、物资捐赠 7.58 亿元，款物合计 11.07 亿元，其中 3.4 亿元已拨付湖北抗疫第一线，拨付率超过 97%，绝大部分捐赠物资也已拨付受赠单位。

为了做好信息公开，每天中午 12 点和下午 5 点两次通过官方网站、微信公众号等平台向社会公示捐赠收支情况，接受公众监督，让捐赠者放心，努力使每一笔善款、每一件善物及时落实到抗疫第一线。同时，还认真做好捐赠款物的收支统计，落实好日报、周报制度，充分发挥监事会的自我监督作用，开展自我监督审查，为了科学确定捐赠物资价值，专门制定捐赠物资计价指引，得到民政部等主管部门的肯定和公众的好评。湖北省慈善总会与 17 个受赠市（州）慈善会签订捐赠协议书，明确了善款使用进展情况反馈和使用完毕专项审计要求；河南省慈善总会坚持社会捐赠“日报告”“日公示”和募捐救助信息“日公示”，确保捐赠信息阳光透明；辽宁省慈善总会每天 9 时前，在省电视台、总会官网公示前一天款物接受情况，接受社会监督；福建省慈善总会每天将捐赠情况报送省民政厅、省审计厅并通过官方网站、微信公众号、电视、报纸等平台向社会公示；广东省慈善总会制定了《新型冠状病毒感染的肺炎疫情防控社会捐助工作管理暂行规定》，从捐助管理体制、受益人、捐赠流程、捐赠款物管理和监督等方面对社会捐助工作作出明确规范。这些扎扎实实的举措、规范细致的操作，赢得了公众信赖，凝聚了慈善力量，汇集了慈善资源，保障了慈善事业助力抗疫斗争的实效。

慈善事业在大考中暴露出的突出问题

我国慈善事业由于起步晚、基础差、规模小、水平低，在发展中面临许多困难和问题，在此次抗击疫情的大考中，在展现风采作出贡献的同时，也暴露出一些突出的问题与短板。其中有认识层面的问题，也有体制机制层面、政策制度层面、工作层面和自身建设层面的问题，不一而足，主要表现为以下几个方面。

慈善事业发展的内在动力有待进一步激发

我国慈善事业快速发展得益于党和国家的高度重视、大力支持。但通过这次疫情，一方面反映出了在重大突发公共事件应急处理中，政社融合不够，统筹发挥慈善力量的作用方面存在明显的短板。在抗击疫情过程中，许多爱心企业和人士想国家之所想、急疫区之所急，从天南海北向湖北疫区捐献了大量的急需物资和资金；许多志愿者不顾个人安危奋在战抗疫第一线，整个社会迸发出巨大的爱国济世、慈心为民的正能量，但是无论是对向疫区慷慨解囊的爱心企业和爱心人士，还是对勤勤恳恳、尽心竭力为疫区募捐的慈善组织，地方政府无论是在统筹协调、充分发挥应有作用方面，还是在鼓舞勉励，充分肯定捐赠者的慈心善举、予以必要的精神激励方面，都关注不够、关心不多。

另一方面，也反映出慈善行业监管方面存在着严管有余、厚爱不足的情况。在整个疫情期间，有关部门出台多个关于慈善行业管理的文件，除了民政部 1 月 26 日发布的《关于动员慈善力量依法有序参与新型冠状病毒感染的肺炎疫情防控工作的公告》，倡导各级慈善组织采取切实有效措施，为全国各地疫情防控工作贡献力量之外，其余全是从严管理的规定，而对慈善组织在抗疫过程中存在的困难和问题，研究不够、解决不及时。在疫情期间，除部分媒体对慈善捐赠有正面报道和评论，其他渠道几乎没有对慈善行为给予肯定、表扬和鼓励，使慈善捐赠者和慈善组织有“出力不讨好”和“被遗忘”的感觉，在一定程度上影响了慈善组织的积极性。值得欣慰的是 6 月 7 日，国新办发布的抗疫白皮书对慈善捐助有专门表述。此外，在常态下，对慈善组织和慈善捐赠者的精神鼓励和物质奖励都显不足。目前国家对慈善界的最高奖项是民政部颁发的中华慈善奖，缺少国家层面的奖项。总之，无论在常态下还是重大公共事件中，慈善组织都存在义务重而权利少的问题，慈善组织和慈善捐赠者都深感监管严而又严，精神激励和物质奖励不足，从事慈善事业缺乏应有的荣誉感和精神鼓励。这无疑会影响慈善事业发展的内在动力。

慈善事业发展的法制环境有待进一步改善

《慈善法》出台 4 年多，我国慈善事业发展的法治化水平迈上新台阶，进入了新阶段。但从此次疫情反映出，依法行善、依法促善、依法治善、全面推进慈善法治建设，依然任重道远。目前存在以下突出问题：

一是全面贯彻落实《慈善法》还存在较大差距。无论是地方政府还是部门，也无论是慈善组织还是社会公众，在对待慈善方面，懂法、守法和依法评判是非上都显不足。比如疫情初期，地方政府和部门公开指定湖北省红十字会、慈善总会、武汉市慈善总会等5家机构为接受捐赠的机构，并且规定国内各地的捐赠物资必须由湖北红十字会接受，否则要行政处罚。事实证明，面对短时间内蜂拥而至的海量抗疫物资和捐款，湖北和武汉两级红十字会分别只有二十几名和十几名工作人员，无论如何也无法妥善处理，被舆论围攻是在所难免。在疫情防控中，又发生湖北武汉慈善总会将接受的27亿元善款上缴财政的问题。又比如疫情初期，医疗物资十分紧缺，一些地方出现以“战时征用”名义扣留过境运输途中的捐赠物资。这些都明显有违法治精神和《慈善法》的规定，受到社会公众和学界的普遍质疑。再比如《慈善法》第六章明确规定，慈善组织可以从善款中提取10%以内的管理费；还规定，捐赠的实物不易储存的，可以依法拍卖或变卖，所得收入用于慈善目的；但部分网民对武汉红十字会提取管理费和变卖蔬菜之事，不分青红皂白群起而攻之，这都说明了全社会没有真正将法律作为行善、治善、评判是非的标准，依法治善的意识有待加强。

二是慈善组织在国家重大公共事件应对中的法律地位不明确。现行的《中华人民共和国突发事件应对法》（以下简称《突发事件应对法》）中没有社会组织的概念，仅有“社会力量”“公民、法人和其他组织”的表述，更没有明确慈善组织参与突发事件应对的机制，对慈善组织和志愿者参与救援、救助的规定也不明确，并缺乏相应的保障激励措施。在实际工作中，地方政府的统一指挥机构缺乏对慈善组织的统筹协调，使得慈善组织各行其是、力量分散、信息不畅、需求不明、资源配置盲目，蕴藏在社会中的慈善力量没有得到优化组合，应有作用发挥不充分。

三是与《慈善法》相配套的政策法规体系建设有待加强。这次疫情也反映出《慈善法》与《中华人民共和国公益事业捐赠法》以及民政部颁布的《慈善组织公开募捐管理办法》在募捐主体、接受捐赠主体方面规定不一、衔接不够，给管理工作带来困惑。前面所讲，对政府指定慈善组织接受捐赠和黑龙江绥芬河市以财政局临时财政专户公开募捐，由此而引发舆论质疑，正是对此规定不明确所致。近年来，对常态下的慈善事业发展，民政部强化了与《慈善法》相配套的政策法规体系建设，出台了一系列相关政策法规，但目前仍有许多薄弱环节。比如，慈善监管和优惠政策制定的体制有待理顺，民政、财政、税务、海关等部门在慈善监管和政策制定方面的职责定位、相互关系尚未厘清，各部门出台的有关慈善方面的规范性文件相互协调不够，关于慈善行业管理的《基金会管理条例》尚未修订出台，慈善法规体系建设仍然有待加强。再比如，《慈善法》对“个人求助”未作规定，但公众往往将它与慈善行为混为一谈，特别是对互联网上的“个人求助”规范不够，适用法律不明确，网络慈善诈骗、互联网慈善污名化等问题时有发生，直接影响了慈善行业的公信力和慈善事业的发展。

四是法律法规对慈善组织的保护不够。《中华人民共和国红十字会法》对红十字会的名称、标志保护有明确规定。而《慈善法》对慈善组织开展慈善活动中非主观故意的违规行为缺乏必要的豁免条款，对慈善组织受到恶意诋毁、恶意捐赠等缺乏保护性措施，特别是在突发事件应对中，没有区分主观故意和客观条件所致的无心之过，处罚过于僵化严苛，一定程度上影响了慈善组织的积极性。

慈善事业发展的政策激励力度有待进一步加强

这次疫情防控中，国家出台了许多支持慈善公益事业的优惠政策，对应急状态下慈善事业发展起到了强有力的推动作用，但这些优惠政策大多是特殊时期的特殊政策，有相对时限性。《慈善法》和相关法规对发展慈善事业的政策激励促进措施提出了要求、明确了原则，但还有待于各有关部门出台具体的政策规定。我国现行慈善激励政策在实践中不断完善，但与西方发达国家比较，以下三个方面有明显差距。

一是税收政策激励力度不足。《慈善法》和相关法规强调规范管理多，明确政策激励原则多，而具体政策少，特别是对慈善捐赠的税收优惠激励较少、力度较弱。根据我国《个人所得税法》和《个人所得税法实施条例》《企业所得税法》和《企业所得税法实施条例》等相关法律规定，在征收所得税时，企业慈善捐赠可税前抵扣12%，超出部分可以结转以后三年内抵扣；个人慈善捐赠税前抵扣30%，超出部分不可延后抵扣，税前抵扣只限于捐款，不包括实物和不动产、股权、知识产权等非货币捐赠。虽然在包括此次疫情在内的重大公共事件中，国家都出台优惠政策，对捐赠款项予以全额抵扣，对一些特定事项和特定机构，国家也规定了税前全额抵扣的优惠政策，但这些都是特例，就普惠性政策而言，与西方发达国家相比，政策激励的力度相差较大。以美国为例，其慈善捐赠总额最多可在缴纳所得税前抵扣50%，若有超出部分，可向后结转5年内抵免。捐赠内容不仅包括现金，还包括财物和长期资本性财产等。

二是从我国税制结构来看，我国尚未开征与慈善捐赠密切相关的遗产税。欧美国家大多征收50%、最高达55%的遗产税。此外，慈善组织接受捐赠年度支出总额，欧美国家为5%左右，而我国公募基金会为70%、非公募基金会为8%。这些政策上的差距，体现了国家对慈善事业的政策激励力度的不同。

三是慈善信托优惠政策缺失。《慈善法》专门就慈善信托列了专章，并明确了政策优惠的原则，但有关部门至今未作出具体规定，与慈善信托相配套的财务会计制度缺失，信托公司作为受托人无法开具捐赠发票、无法进行税前扣除，致使慈善信托在我国发展不快。到2020年4月，全国备案的慈善信托产品仅有377单、财产规模34.7亿元。此外，此次疫情中，国务院出台的关于对中小企业减免房租的优惠政策，但不包含社会组织，一些在同一写字楼里办公的企业可减免房租，而慈善组织则不能享受减免房租的政策。

对志愿服务在国家治理中的重要作用的认识和制度性激励力度有待加强

志愿服务是慈善事业的重要组成部分，是推动社会治理创新和促进社会文明和谐的重要生力军。近年来，在《志愿服务条例》的推动下，各地为促进志愿服务，在精神鼓励、物质激励和政策优惠上作了积极探索，形成了许多有益经验。此次抗疫斗争中，志愿者作为重要的社会力量，发挥了不可或缺的重要作用。但在疫情防控中，从国家到地方都没有将志愿服务纳入重大公共事件应急机制之中。在疫情初期，对志愿服务缺乏统筹协调，志愿服务组织和个人以强烈的社会责任感，大多都是自发地、分散地、随机性地参与抗疫工作，既无必要的物资保障和安全防护，也无规范系统的指导和统筹协调，志愿服务的应有作用没有最大化。尽管在疫情中，民政部在腾讯公益基金会资助下，开展了“专属保险＋关爱补助”，惠及24.5万名志愿者，但作为国家制度性保障仍是缺失的。在疫情中后期，各地政府安排了大量志愿者参与社区和流动人口的管理，使志愿服务逐渐有序开展。但在整个抗击疫情过程中，各地政府和社会公众对同样是奋战在第一线的志愿者的褒扬和奖励，远不及医护人员和军警人员。有的志愿者在抗疫一线因公牺牲，申报烈士至今还未获批。

就常态下的志愿服务而言，目前的突出问题有：一是缺少国家层面的表彰奖励，目前，全国性志愿服务的奖项，只有团中央颁发的“中国青年志愿者奖”和“志愿服务项目奖”，而缺少面对全民的国家奖项；二是各地对志愿服务多以精神鼓励倡导为主，激励政策不足；三是志愿服务组织缺乏稳定可持续的资金来源，志愿活动的必要经费得不到保障。志愿服务参与者缺乏制度性物质保障与激励机制，这已成为影响志愿服务事业发展的瓶颈。

慈善事业发展的文化和舆论氛围仍需改善

中华人民共和国的慈善事业走过一段蜿蜒曲折的历程，当前与我国蓬勃发展的慈善事业相比，慈善理论的研究、现代慈善理念的树立、慈善文化的弘扬、慈善教育的普及等方面，无论广度还是深度都相对滞后，传统的慈善文化、慈善理念，已不能很好适应现代慈善事业组织化、公众化、规范化、透明化和专业化的发展需要。慈善文化很大程度上影响着社会公众对慈善的理解和态度，也左右着社会舆论对慈善行为的评判。慈善事业是以爱心为基础的社会公众广泛参与的公益事业，社会关注度高、期望值高，对工作的疏漏、瑕疵容忍度很低。在历次国家重大公共事件中，慈善组织和慈善捐赠者都处在舆论的风口浪尖。在网络自媒体时代公众舆论既有“聚集场效应”，又有“塔西佗陷阱”，网民仁者见仁、智者见智，一人发声万人呼应，一些网民缺少平和的理性，对待慈善组织和慈善捐赠者既缺少理解和宽容，又不依法评判是非，动辄就施以媒体暴力，让你有口难辩，无可奈何，任其“污名化”。

正如白岩松接受《新京报》记者采访时说：“疫情期间，除了新冠病毒非常凶猛外，我们舆论环境中，撕裂、对峙、谎言满天飞……这种‘病毒’丝毫不轻，需要我们去思考。”许多慈善组织在重大公共事件中最大的精神负担不是日夜辛劳、繁重紧张的工作任务，也不是奋战第一线的个人安危，而是来自各方的舆论压力。此次疫情期间，被舆论聚焦的湖北红十字会、武汉慈善总会、韩红基金会莫不如此。尽管一些慈善组织工作存在一些疏漏和不足，但公众和舆论这种围殴式的态度，给慈善事业发展带来非常不利的社会舆论氛围。以至于许多慈善组织在重大公共事件中开展慈善募捐时，无时不在考虑如何自缚手脚、谨小慎微、低调行事，以图自保。疫情期间，中华慈善总会恪尽职守、低调务实、不出风头、不唱高调、时时谨慎，但因网上捐赠过于密集，而出现断网技术故障几个小时，还被个别媒体穷追不舍，总想挖出点“猛料”。这样的舆论氛围成为慈善组织的隐忧，也是慈善事业发展的阴霾。

慈善组织自身建设亟待加强

面对疫情大考，全国各级各类慈善组织闻讯而动、令出即行，全力以赴投身抗疫斗争，在公共募捐、资源供给、应急救助、志愿服务等方面主动作为、勇于担当，为疫情防控工作提供了有力支持和坚强保障，取得了令人瞩目的成绩。虽然我国慈善组织在以往重大自然灾害救助中积累了丰富的经验，但面对这次中华人民共和国成立以来最重大的突发公共卫生事件，还是缺少足够的经验和应对的能力，各级各类慈善组织都暴露出以下一些明显的短板和不足。

一是经验不足。在资源动员方面，虽然社会募捐总量较“非典”时期有了大幅度提升，但许多慈善组织依然存在宣传手段单一、动员力度不足、后续跟踪不到位等情况。特别是对大型企业、知名企业家缺乏持续有力的动员宣传机制，募捐排行榜正向激励效应不显著，舆论引导促捐效果不明显，慈善潜力尚有进一步挖掘的空间。

二是机制不全。缺少应对突发事件的政社协同机制和慈善行业的协同机制以及信息共享平台。正因为此，疫情发生后，社会各界纷纷向湖北捐赠了大量医疗物资，但与此同时多家医院的医疗物资却十分短缺，甚至各医疗单位自行发布医疗物资求助信息，形成了抗疫物资供需信息不对称，从而导致物资需求信息与捐赠信息不能有效对接，出现慈善组织各自为战、各行其是、力量分散、工作重叠的状况，特别是在疫情初期，一些慈善组织出现了捐赠款物拨付不精准、发放不及时、处置不得力、分配不透明等问题，引发公众质疑甚至舆论危机，一定程度损害了慈善组织的整体形象和公信力。

三是能力不够。在项目实施方面，普遍存在应急反应处置能力不足、专业能力欠缺等问题，一些慈善组织以平时工作力量和工作模式应对突发状况，应急处突运行机制不健全，慈善组织与政府沟通不顺畅，出现捐赠物资管理混乱，接受捐赠物资质量检验把关不严，许多医用物资不符合标准等手忙脚乱的现象，慈善救助和志愿者救援行动的有序性和时效性都显不足，助力抗疫斗争的效果受到影响。湖北省红十字会管理的捐赠物资仓库一度忙乱无序，受到媒体质疑，后改为九州通集团管理后，很快秩序井然。这说明慈善组织自身管理能力不足，运用市场专业知识管理机构的意识不强。

四是信息不灵。无论此次疫情中还是常态下，慈善组织在执行信息公开制度方面都有明显的差距，慈善组织年报信息公开比例不足50%。在疫情中，慈善信息披露不够及时的问题，无法满足公众及时了解捐赠需求和去向，影响了公众的捐赠积极性。如2月13日武汉市红十字会公布一批捐赠物资分发公告，网民质疑为什么口罩没有分给各大医院，但红十字会没有公开说明，引发舆论的不满。

五是应对不力。在舆情处置方面，许多慈善组织面对社会关切和舆论质疑，大多是在政府督促下开展舆情处置，缺少有力、及时、准确的回应，特别是对于“管理费”“变卖慈善物资”等热点，缺乏主动、专业、精准的应对，使原本依法依规做的工作变得被动，加深了公众的误解与不信任感。

此外，慈善行业数据统计制度尚未建立，信息披露样式、数据来源、统计范围、统计口径不一致，难以为政策制定、理论研究、行业管理提供可靠数据支撑。出现上述问题的原因是多方面的，但究其根本，主要是各级各类慈善组织自身能力建设有欠缺，内部治理结构和运行管理不规范，从业人员法律意识、职业素养不够，缺乏现代管理理念和专业人才，距离治理体系和治理能力现代化的要求还有较大差距，需要引起高度重视。

慈善事业在大考中得到的有益启示

毛泽东曾指出，“通过实践而发现真理，又通过实践而证实真理和发展真理。”这场突如其来的疫情既是一场无妄之灾，也是一次难忘的磨难和洗礼。对于慈善事业而言，既在疫情中考验了工作、展现了力量、锻炼了队伍，也为今后的发展积累了经验、明确了方向、坚定了信心，在许多方面收获了难能可贵的启示。

进一步提高全社会对慈善事业的重视程度

新中国慈善事业发展的历史，就是全社会对慈善事业在中国特色社会主义建设中重要地位和重要作用的认识不断深化、不断提高的过程。经过这次疫情，使我们深刻认识到，进一步提高全社会对慈善事业的重视程度，是慈善事业健康发展的重要思想认识基础。

首先，要进一步深入贯彻落实党的十九届四中全会精神，统一认识，转变观念，切实从第三次分配的高度，将慈善事业发展纳入国家治理体系和治理能力现代化的大格局中，无论是常态下的社会兜底保障，还是重大公共事件中的统筹应对，都将慈善力量作为政府不可或缺的重要补充，加强顶层设计，不断强化全社会的慈善意识，营造良好的慈善发展氛围，激励慈善组织和社会公众积极参与慈善，激发蕴藏在社会大众中巨大的慈善正能量，奉献爱心，服务社会，造福人民。

其次，要进一步改进对慈善行业的监管理念和方式。要将鼓励支持、协调促进慈善事业发展作为监管的基本理念和工作出发点，在此基础之上，依法规范，从严管理。在监管方式上，坚持严管和厚爱相结合，既要依法依规、从严管理，也要关心爱护、排忧解难，寓管理于服务之中。要增强监管工作的统筹协调和科学安排，减少重复检查、重复审计，既要防止监管不到位，也要避免过度监管，节约监管部门的行政资源，减轻慈善组织的负担。要进一步提高监管部门审批时效，改进为慈善组织服务的质量和效率。

最后，全面落实《慈善法》第九十一条“国家建立慈善表彰制度”，加大对慈善捐赠者的精神鼓励，对慈善捐赠突出贡献者予以大张旗鼓的宣传表彰，增强捐赠者的社会荣誉感。建立国家定期召开“中华慈善大会”制度。2005 年和 2008 年分别召开了两次“中华慈善大会”，第一次由中央政治局委员、国务院分管副总理和全国人大常委会副委员长出席；第二次由党的总书记、国家主席出席。建议以国务院名义每隔三年召开一次“中华慈善大会”，总结部署工作，表彰先进，对慈善捐赠和慈善项目实施业绩突出者给予国家奖励。将目前民政部颁发的“中华慈善奖”提升为国家奖项，由国务院在大会上颁发，提高获奖者的荣誉感，激励更多的企业家和爱心人士投入到慈善捐助的行列。

进一步推进慈善事业法治化的进程

首先，要加大对贯彻执行《慈善法》的督促检查力度，使各级政府和慈善组织增强懂法、遵法、守法的自觉性。借今年全国人大常委会开展《慈善法》执法检查强劲东风，进一步增强各级政府慈善组织和全社会的“依法治善”的意识，推动各地和部门在慈善法规体系建设上增强紧迫感，加大工作力度，为慈善事业发展创造良好的法治环境。

其次，在修订《突发事件应对法》中，明确建立由民政部门牵头的慈善应急机制，形成慈善力量参与和配合政府应对重大突发事件的统筹协调机制，明确慈善组织、志愿服务、社会工作等参与突发事件应对的法律地位、参与责任、参与机制、动员机制、保障激励等规定，在重大突发事件发生后，及时协调联动，向社会发布需求信息和捐赠接受、分发信息，引导慈善组织和社会爱心企业、爱心人士有序开展慈善募捐活动，充分发挥慈善力量在突发事件应对中的特殊作用。

第三，以《慈善法》明确的原则，理顺慈善监管和税收优惠政策制定的协调机制。具体而言，一方面要建立以民政部门牵头的促进慈善事业发展的监管和协调机制，另一方面将民政部门纳入慈善优惠税费政策制定的体系。

第四，要加快慈善法规体系建设。要进一步完善与《慈善法》相配套的法规体系，破解慈善事业发展中的瓶颈问题，加大对慈善组织的保护和政策扶持力度，使捐赠方、受益方、慈善组织和管理监督者各得其所、相互促进、共同发展。要研究互联网慈善呈现的新特点、新规律，对“个人求助”等社会普遍关注的问题，制定可行的政策法规，予以正确引导和规范。

第五，要加快推进慈善事业信息化建设。建议国家统计部门建立慈善公益事业统计科目，改变现行慈善公益统计数据多头统计、口径不一、差距较大的现状，形成权威的国家统计数据。同时要积极推进覆盖整个慈善事业的信息化大数据管理系统和突发事件应急信息平台建设，推动慈善行业更加公开、透明、高效，更好地服务于日常的国家治理和突发事件中的应急体系建设。

进一步加大对慈善事业发展的政策激励力度

社会的爱心善意和政府的有效激励是慈善事业稳步前进的两条腿，缺一不可。我国慈善事业发展离不开国家政策的激励，过去如此，现在如此，今后仍然如此。税收政策向慈善事业倾斜，表面上会减少国家税收收入，实际上它能激发和带动民间资本将更多资源投入到社会公益事业和社会救助事业，进而替代政府财政支出，形成四两拨千斤的杠杆效应，减少政府财政压力，扩大社会公益投入。

一是在《突发事件应对法》修订中，增加对慈善捐赠者和慈善组织参与突发事件应对的保障激励和必要的财政支持，明确突发事件中的相关免税条款。

二是加大税前抵扣力度。根据当前我国经济社会发展水平，参考欧美国家的做法，将慈善捐赠的所得税税前抵扣比例，企业由 12% 上调至 20%，个人慈善捐赠由 30% 上调至 40%，超出部分可结转后 5 年抵扣。

三是积极推进开征遗产税、赠予税，营造有利慈善发展的税制环境。改革开放 40 多年，一大批先富起来的人已届暮年，遗产税、赠予税不仅可以防止财富代际传递，形成阶层固化，造成社会问题，还可通过重税挤压和优惠政策激励，增强慈善捐赠者的内在动力。

四是要全面落实《慈善法》和《国务院关于促进慈善事业发展的指导意见》明确的各项优惠条款，有关部门应尽快出台慈善信托的优惠政策，建立慈善信托会计科目，单设慈善信托收据，落实与慈善相关的用地支持、金融支持、购买服务等措施。

五是要将实物、不动产、有价证券、股权、知识产权等非货币捐赠纳入税前抵扣范围，相应地在房产税、车船税、土地使用税等方面制定慈善捐赠优惠政策。鼓励捐赠人将具有使用价值的各类资产财物奉献社会，扩大慈善捐赠总量，丰富慈善捐赠形式，拓宽汇聚社会爱心的渠道。在加大政策激励力度的同时，也要强化慈善税收监管法规建设，防范税收优惠政策被滥用。

进一步加大对志愿服务的制度激励力度

国家建立以精神奖励和社会优待为主、适度物质回馈为辅的全方位志愿服务激励制度，充分发挥志愿服务在社会治理和社会进步中的巨大正能量。

一是将志愿服务作为慈善事业的重要组成部分，纳入国家突发事件应急管理体系和常态下的国家治理体系，加强统筹协调、组织指导和必要的支持。

二是建立国家层面的志愿服务嘉许和回馈制度，设立“志愿服务国家奖”，对志愿服务突出贡献者和组织进行表彰。不仅在精神上予以鼓励，并与志愿服务者个人或子女升学、就业、晋职、落户和评优评先等实际利益挂钩。将应急志愿者人身意外伤害保险等安全保障措施纳入应急管理体系之中统筹安排，增强志愿者的荣誉感，激发他们的内在动力，鼓励更多的人自觉自愿地无私奉献、服务社会。

三是加大对志愿服务组织的政策支持力度。尽快制定出台《志愿服务记录与证明出具办法》，为开展志愿者激励提供统一规范的依据。加大政府对志愿服务的投入，带动企业、社会组织和爱心人士对志愿服务的财力支持，解决志愿服务运营管理、活动补贴、人身保险等资金缺口。同时，通过政府购买服务、项目合作、场地供给、人才培养、志愿服务组织孵化等手段，为志愿服务提供基本条件，使其可持续发展。

进一步弘扬慈善文化，营造慈善事业发展的良好社会氛围

慈善文化是慈善精神的外化，它不仅是五千年中华民族优秀传统文化的结晶，也是现代文明的硕果，是慈善事业发展的社会基础和人文原动力。在慈善事业由精英慈善走向大众慈善的新时代，培育慈善文化、优化慈善发展的社会氛围已成当务之急。

一是将慈善概念列入社会主义核心价值观范畴，推动慈善文化成为中华民族优秀传统文化与现代文明紧密结合的全民共识和行为自觉。

二是大力推进慈善文化和慈善教育体系建设。积极支持在高等院校开设慈善理论与文化专业，深化慈善理论研究，培养高层次慈善人才。国家有关部门协调相关高校、科研机构、社会组织、慈善企业与慈善家，充分发挥专家学者和慈善工作者的积极作用，深入开展慈善理论及政策研究。

三是大力促进全社会关心慈善、支持慈善、参与慈善。充分利用中华慈善日、中华慈善奖、慈展会等载体，宣传慈善文化、弘扬志愿服务精神。积极推进慈善文化进学校、进机关、进企业、进社区活动，努力营造全民慈善氛围。

四是要用党中央关于发展慈善事业的精神引导社会舆论。充分发挥主流媒体在舆论中的主导作用，大力宣传慈善事业发展的正面典型和积极贡献，树立慈善事业健康向上的良好形象，为慈善事业发展营造良好的社会舆论氛围。

以提升公信力和能力为根本，加强慈善组织自身建设

慈善组织是推动慈善事业发展的微观主体。“打铁还需自身硬”，发展现代慈善事业，需要着力加强各级各类慈善组织自身建设，打造一批具有良好社会声望、突出专业能力、完善治理结构、合理梯次分工的现代慈善组织，适应新时代共建共治共享的社会治理格局。

一是要加强慈善组织应急能力建设。在此次抗疫斗争中，各级各类慈善组织表现出了高度的责任感与强烈的使命感。但应急处突能力不足，依然是慈善组织参与抗疫斗争暴露的最大短板。各级慈善组织应认真反思，深刻总结抗疫斗争经验，按照组织章程和所从事业务领域，把平时专业能力建设和应急处突能力建设结合起来。通过制订应急处突预案、开展应急处突演练、签署战略合作协议、加强外部力量协同等方式，加强能力储备和预案储备，既要建设一支平时慈善力量常备军，也要建设慈善组织自己的紧急情况预备队，切实强化自身应急处突专业能力。

二是要完善现代慈善组织管理制度。国内外慈善事业实践表明，健全的内部治理结构、完善的决策执行机制、高效的组织执行能力、完备的内控监督程序，对于慈善组织的良性发展至关重要。从我国现实情况看，许多慈善组织存在内部治理结构不完善、自治机制不健全、组织成员意见表达机制不畅通等问题，会议制度、表决制度、决策制度、监督制度、救济制度存在不同程度的缺失。要以此次抗疫斗争为契机，在现有法律框架内促进慈善组织内部管理创新，提高运行效率，降低运行成本，建立起具有中国特色的慈善组织“透明、高效、规范”的管理体制和运行机制，进一步提升慈善组织的公信力。

三是要加强枢纽型慈善组织的行业协调动员能力建设。在此次抗疫斗争中，不同类型的慈善组织广泛动员、行动迅速，但由于枢纽型慈善组织在突发公共事件中的应急协调机制尚未形成，应有的动员号召、统筹协调作用没有得到充分发挥，许多慈善行动缺乏协同配合，呈现群龙无首、各自为政、缺乏统筹协调的状态，影响了慈善行动实际效果。从长远看，需要在慈善事业发展过程中，加快培养一批受到广泛认可、具备承担行业倡导、行业服务和行业自律能力的枢纽型慈善组织，建立慈善行业协作联动的机制，充分发挥枢纽型慈善组织的行业引领作用，凝聚社会资源，整合行业力量，形成行业合力，形成各慈善组织之间既相互竞争又相互合作的良性运行机制，构筑健康有序、多元合作的慈善行业生态和治理格局。

四是大力推进慈善组织信息公开力度。严格按照民政部《慈善组织信息公开办法》规定，及时披露基本信息、内部治理信息、慈善募捐信息、公益项目信息、关联交易信息等，增强透明度，自觉接受社会监督，提高公信力。

五是要加大慈善专业人才培养力度。人才是事业发展的根本，慈善从业人员素质是慈善组织自身能力的重要基础。慈善行业涉及管理、法律、传媒、心理、财务、社会工作等多个专业，需要素质全面的复合型专业人才。此次疫情防控暴露出慈善组织人才队伍建设相对滞后，人才从数量到质量都不能适应事业发展需要的问题。在今后的慈善事业发展中，慈善组织应当根据业务需要，加强人才队伍建设，在保证数量的同时，不断提高素质，加强与教育科研机构的合作，在项目管理、财务运营、新闻宣传、心理疏导等方面，有针对性地开展在职业务培训，提升从业人员的专业技能，为慈善事业长远发展提供人才保障。

总之，我国慈善事业在党和国家的高度重视下，在近 30 年的发展中取得了长足进步。但通过这次疫情大考检验，也暴露出我国慈善事业无论是政策支持力度、公众参与的广度与深度、慈善事业发展的文化和舆论氛围，还是慈善资源的动员能力及其在社会分配、社会治理中的功能作用发挥，与经济社会发展的需要和人民期盼相比，都有一定差距，这些差距与不足正是我们今后努力的方向。我国慈善事业发展前景光明，机遇与挑战并存。我们相信在以习近平同志为核心的党中央的高度重视下，在国家有关部门的大力支持下，经过慈善界同人的不懈努力，慈善事业的明天必定更加美好。

（来源：《社会治理》2020 年第 6 期）

善解慈政

仁言不如仁声之入人深也，善政不如善教之得民也。善政，民畏之；善教，民爱之。善政得民财，善教得民心。

——孟　子

李小云：构建多元生计体系 是应对减贫风险之关键

邓茗文

引言

2020年是全面建成小康社会实现之年，是脱贫攻坚决胜之年，也是实施乡村振兴战略关键之年。在消除绝对贫困之后，如何巩固脱贫成果，建立解决相对贫困的长效机制，实现可持续脱贫，是当前和今后的一项长期任务和挑战，同时对于我国贡献可持续发展目标，向世界分享中国的减贫方案与经验具有重要价值。

决战决胜脱贫攻坚，既要解决最后一批绝对贫困人口的脱贫问题，终结中国的绝对贫困现象；又要巩固之前的脱贫成果，确保已脱贫人口真脱贫、不返贫。在全球经济社会受到新冠肺炎疫情冲击的特殊状况下，2020年我国的脱贫攻坚面临新的挑战。近日，《可持续发展经济导刊》记者就实现可持续减贫及贫困人口发展能力建设的相关问题采访了中国农业大学李小云教授。

李小云教授是国务院扶贫开发领导小组专家咨询委员会委员，也是小云助贫中心发起人，从20世纪90年代开始对扶贫政策的研究和实践工作，并于2015年初开始扎根基层，深入云南省勐腊县贫困瑶寨河边村开展一线扶贫实践。访谈中，我们能够感受到李小云教授对脱贫可持续性的隐忧，也看到了可持续脱贫的未来方向。

要帮助扶贫对象成为新型农民

记者：从精准扶贫与乡村振兴衔接的角度看，贫困户在跨过“贫困陷阱”的“关键性门槛”之后，如何确保他们能够稳定脱贫？此次新冠肺炎疫情对扶贫工作又有怎样的启示？

李小云：中国的贫困问题无论是过去、现在还是未来很长一段时间，仍然是乡村和农民的问题。这就是为什么过去我们一直讲“农村扶贫开发”的主要原因。乡村振兴的问题实际上也还是一个落后地区农村的发展问题。从这个意义上讲，农村的减贫工作需要与乡村振兴工作有机衔接，让乡村振兴成为农村减贫工作重要的长效机制之一。

对于很多陷入“贫困陷阱”的贫困群体而言，如果没有特殊的政策扶持，单靠他们自己的努力是无法摆脱贫困的。这就好比在改革开放初期，如果没有家庭联产承包责任制这样特殊的制度型政策变革，中国大多数农民都不可能致富一样。所以，脱贫攻坚超常规的政策措施就是为很难在一般的经济生产活动中受益的贫困农户提供帮助。

现在这些群体从总体上已经走出了“贫困陷阱”，但是走出“贫困陷阱”之后，能否稳定地脱贫在很大程度上取决于两个重要条件：一是从制度和政策角度，有能够有效防止返贫的保障性政策；二是贫困农户有一个稳定的、可持续的产生收入的机制。这两点实际上最终还取决于经济发展的水平。

从此次新冠肺炎的流行所产生的影响来看，应对突发性风险是减贫是否可持续的重要方面，这一点在我们以往的农村减贫政策和战略中没有予以足够的重视。总体而言，应对风险的关键是生计体系要多元化，例如贫困农户的收入不能只依靠出去打工。当然，也不能够完全依赖于经济作物的生产，需要多元化的布局。

记者：扶贫对象的发展能力建设在可持续生计体系中居于什么位置？如何认识扶贫对象发展能力建设这个课题？

李小云：过去我们对于贫困群体的发展能力往往更多重视技术，花了很多力量搞各种各样的技术培训。实际上，技术当然很重要，但是贫困农户建立起一个可持续的多元化的生计体系，不仅仅需要农业技术，在很多情况下，农业技术本身也并不一定能发挥作用。如我们经常针对农户展开的种植技术、养殖技术等方面的培训，很多农民实际上不太感兴趣。

首先，农民对这些技术比较熟悉；其次，这些技术也不会给农民带来较大的收益。所以，农民需要的是综合性的能力培养，这包括对市场的开发、信息的捕捉与掌握、新的产业机会等各个方面。

未来无论从乡村振兴还是减贫的角度来讲，培养新型农民都将是一个挑战。我们要对已有的传统概念、方式和模式进行反思。

避免返贫风险需提早规划多元生计

记者：从您参与河边村扶贫实践的研究与经验看，要实现可持续脱贫，避免“群体返贫”现象，有哪些挑战？

李小云：我在云南省勐腊县河边村从事扶贫实验已经5年了，2015—2017年是建设阶段；2018—2019年是脱贫阶段；2019年全村农民从瑶族妈妈客房所延伸出的新业态产业收入达到了比较高的水平，全村基本实现了脱贫。

实际上我们从2018年就开始考虑产业的多元性，明确提出河边村脱贫必须基于应对风险的复合型产业体系。尽管如此，由于新冠肺炎疫情造成的影响是全方位的，河边村在实现脱贫之后将有可能出现很大程度的返贫。

从这样一个案例中，我们可以看到可持续脱贫的难度是非常大的，贫困的缓解在很大程度上取决于大环境的经济发展状况。当然，在出现这种风险的情况下，农户依然需要采取灵活的生计应对策略。河边村村民在疫情缓解之后，便开始展开有组织的外出打工，利用“一带一路”建设中的中国老挝高铁项目提供的工作机会，通过短期的打工收入来弥补新业态产业的损失。

记者：完成最后的脱贫攻坚任务，难点在于如何让最后的那些处于贫中之贫、困中之困的群体摆脱贫困。如何调动这些扶贫对象参与扶贫产业并持续获益？

李小云：全世界的扶贫就是两种方式，一种是现金转移，即按照收入贫困线通过现金转移的形式补充工资不足的扶贫方式。这是很多发达国家采用的扶贫方式，这种方式非常有效，但容易产生“养懒汉”现象。另一种就是在发展中减少贫困，也就是鼓励贫困人口通过积极参与经营活动，增加收入，摆脱贫困。

在脱贫攻坚战役中，对口帮扶、定点扶贫等方式大多采用支持贫困地区产业，鼓励贫困农户参与产业开发，从而增加收入。这是从根本上改变贫困地区落后面貌和提高贫困人口生活水平的措施。从实践的情况来看，这样的措施往往对有劳动能力、文化教育素质比较高的农户来讲，效果更好；而对那些缺乏劳动能力、文化教育素质较低的农户往往效果不太好。因此，通过经济开发活动，如何能更有效地覆盖最贫困的群体，是开发式扶贫的一个难点。

这一方面需要从改善贫困群体能力入手，同时更重要的是多支持有利于最贫困群体能够参与的产业类型和管理形态，比如通过土地入股的形式就能使得很多没有劳动能力的贫困农户直接受益于扶贫开发。

“后扶贫时代”更需要可持续的政府、社会投入机制

记者：您认为“后扶贫时代”扶贫工作的重要变化将是什么？

李小云：脱贫攻坚战中，政府不仅从各个渠道投入了巨大的资源用于贫困地区基础设施建设、社会经济发展和贫困农户的脱贫，同时也动员全社会，尤其是企业，投入了巨大资源。因为脱贫攻坚的目标是消除农村绝对贫困，通过超常规的动员来筹集巨大的资金去补齐短板，是必要的也是有效的。

2020年之后，中国的贫困格局将逐渐演化为以相对贫困为主，因此，这种以政府动员为主的资源筹措形式不大符合应对相对贫困的需要。首先，有效应对相对贫困主要取决于长效机制的建立，如就业、教育、医疗、卫生等不同的方面制度机制。其次，随着贫困人口基本生存问题得以解决，虽然单纯投入式和转移性的资源筹措仍然是需要的，但是总体上来讲，应对相对贫困不可能像解决绝对贫困那样调动大量资源投入。

因此，2020年之后，需要建立一个可持续的由政府和社会分工负责、共同投入农村减贫工作的机制。

（来源：《可持续发展经济导刊》2020年第5期）

我们的基金会和慈善组织
要善于从中国大地汲取营养

王振耀

引言

面对全球的疫情形势和中国的社会转型，中国基金会应该作怎样的思考，应该有怎样的集体意识和行动？

全力推动公益生态结构性转型，使其在改革开放的宏观格局中植根于中华大地

这次新冠肺炎疫情应对表明，中华文明有其特殊价值。深入开发中华文明，我们能看到多层面的公益价值。一是人民和社会对中华传统文化的自觉，包括传统的尊老文化等。二是党和政府提出的人民至上、生命至上的理念。三是以社区为本的基础。作为治理的基础单元，社区成为疫情防控阻击战的主战场。四是中国特有的公共精神。在疫情应对中，社会组织、企业和政府共同展现了公共精神。在当前全球疫情持续蔓延的形势下，国际社会尤其需要这种公共精神，需要这种合力。

我认为，经过这次疫情应对，中国公益慈善事业的发展正在静悄悄地发生着一场革命性的转型，正在走出一条独特的发展道路。这是公益慈善组织特别是基金会的从业者需要认真思考和讨论的非常重要的命题。

但是，要完成这种转型是相当不容易的。这次疫情应对中，基金会和一线组织展现了很多优秀的案例和品格，做到了出乎意料的程度，带给我们很多惊喜。我举一个例子，为了落实捐赠物资，一些具有政府背景的慈善组织，用9天时间处理很多手续。在过去非疫情状态下，或者其他灾情应对中，都不可能有这么艰难。这次疫情对我们民族和社会来说，确实是一次重大的考验和挑战。

基金会和慈善组织，在应对这次疫情挑战中学到了很多。其中，我认为有一项最基本的课程是：中国公益慈善事业的发展，需要在改革开放的宏观格局中，

扎扎实实地植根于中华大地。

首先，我们需要学习中国之善，不断从历史与传统中汲取营养。中国之善不是我们原来想象的自己什么都不好，什么都得从国外搬过来。当今中国已经摆脱落后依赖的状态，中国之善的公共精神是很多发达国家都很难做到的，而这对我们来说则是一种常识，这是值得我们骄傲的地方。我们的基金会和慈善组织要善于从中国大地来汲取营养。

其次，我们要学会与公共部门密切合作，共同开发公共之善。西方政治学有一个理论，假设政府是必要的恶。中华民族五千年文明史跟这个假设恰恰相反，我们认为政府是必要的善。从大禹治水开始，我们就赋予政府公共治理的权力。尤其是给老百姓办实事的能力，政府需要不断改进。中国的政社关系有自己的立足点，对公益慈善组织来说，学会和公共部门密切合作，是非常大的课题。

再者，我们要学会与社会大众紧密结合，汇聚平民慈善的巨大力量。过去我们没有意识到在中国要真正组织起来的话，平民慈善的力量相当大。因为我们人口众多，一人捐 10 元，14 亿人很快就是 140 亿元。

此外，我们还要学会与企业和慈善家深度结合，持续引领商业向善的潮流。

共同应对需要深度融入国家战略体系，推动建立纳入国家战略的行动框架

共同应对的立足点在哪里？我认为是要深度融入国家战略发展体系。大家可能会说，国家战略和基金会战略不太一样。而这次疫情应对教给我们的恰恰是，中国的慈善组织和政府之间的多个立足点和目标是完全一致的，只是领域不同而已，慈善组织应当主动响应民生为本的国家战略。

中国政府以民生为本，中华民族五千年文明信奉的是民本主义，慈善精神在中国大地上应当是政社融合，而不是反向而行。过去，慈善组织隐约好像有一种越独立于政府越好的感觉。慈善组织当然要独立自主，但应该是在法律框架内和政府保持一种战略性的密切合作、呼应配合，这在社会领域尤其该如此。

比如说，中国政府确定的全面脱贫、乡村振兴、厕所革命、垃圾分类、长三角一体化、大湾区建设，等等，这些都是世界公益的主调，也是中国政府的基调。环境保护、动物保护的领域，在一些发达国家仍然是个大难题。在中国，党和政

府应对疫情很快作出行动，通过新的动物保护法律，使其上升为国家意志。一些需要努力很多年的事情，现在大家一呼百应马上就促成，这是很多国际公益组织想做都做不到的。

在中国，公益的主调和政府的基调存在密切融合的格局，这是其他国家无法达到的格局，它们可能存在其他方面的政治障碍。中国的政府行为和社会组织行为的一致性，是非常明显的。

所以，我的结论是中国公益慈善界需要在共同应对的环境中，主动融入国家战略。此次疫情，既考验政府的社会治理能力，也考验我们公益慈善组织自身的治理能力。面对当前的复工复产，我们不能做边缘化的思考，遇到困难不能等着政府、社会来帮助。换一个角度，当我们自觉来开发并具备这样的公共精神时，我们就会思考我们自身复工复产的需要能够和政府形成什么样的密切互动。现在正是考验我们并促成我们转型的时候。

这次疫情应对表明，中国红十字会、中华慈善总会等具有政府背景的公益慈善组织，它们的功能是不可替代的。关键在于，各类公益慈善组织应当自觉地在积极的交往中，建立网络化的合作机制，形成结构性的联系，从而更为顺畅地与公共部门之间形成密切的良性互动。在慈善事业当中，不要再分彼此了。做事情还要定身份，你的身份是这个就合作，你的身份是那个就不合作，这样很不好。

这次疫情中有一个典型案例，是我接触比较多的湖北省慈善总会。他们默默无闻做了很多事情，团队人员非常辛苦，遇到了不少的挑战，他们用了一些智慧的方法，和很多小的慈善组织包括地方的慈善组织密切合作，他们最终取得的成绩和效果非常突出，让政府和社会都感到满意。

像这样的平台，我们为什么不去进行很好的互动合作呢？在疫情应对期间，我和湖北省有关政府部门的朋友在微信群里聊天，我们讲到，所谓的合作或合力，其实是共同的需要。彼此通过对方的平台，再连接更多的平台，才能真正形成共同应对的合力。

共同应对挑战需要以社会服务为本，自觉推进公益慈善格局的结构优化

空泛的争论没有意义。包括基金会在内的社会组织，我们需要思考，我们的

基本使命是什么？从全世界来看，我们和发达国家没有什么区别，在人均 GDP 突破 1 万美元以后，整个社会大的主题就是社会服务。我们说公益慈善组织应运而生，应哪个运？生出来做什么？其实就是做社会服务。脱离了社会服务，我们整个慈善组织就会被边缘化，一定进不了大的平台。

当前最紧迫的是要优化公益慈善力量的结构，形成互补的系统，这需要不断提升专业化的深度开发能力和社会服务能力。我们大家走在一起，是互相简单地抄作业，低水平重复或者是简单化模仿，还是大家互相找到结构性的互补点，形成整体的合力？这是我们共同应对需要特别思考的。

当前，专业化的社会服务面临着重大的突破。养老服务、儿童福利和保护、残障人的各项事业以及乡村振兴等，都有着极大的社会需要，也都需要成千上万人的就业。公益慈善组织面对迫切的社会需求，有着巨大的生存空间。我们不妨从很小的地方开始，像垃圾分类、厕所革命这些小事情，到底是不是国家的战略？我们投身进去，是不是可以引领、倡导一些行动，甚至有一些发明创造？

我特别希望中国基金会发展论坛未来成为组织协调、推动倡导中国公益慈善事业发展最有力的促进平台，这样的平台非常重要。比如这次峰会，湖北的公益慈善组织和基金会之间产生各种各样的互动和对接，这是很好的。不同区域和不同领域的社会组织密切合作，可以给社会树立一种风气，起到示范作用。

这次湖北峰会揭开了湖北和全国其他基金会的互动框架，我们能不能尽快揭开其他区域公益生态的合作序幕？比如长三角慈善一体化的历史性进程，政府背景的慈善组织已经行动起来，我们能否尽快推进以基金会为代表的长三角民间公益一体化进程，并且自此形成良性的政社协同？

历史机遇摆在我们面前，就看我们如何选择。从公益时代的视角，我们共同应对的前景是广阔的，有着重大机遇。希望大家能够抓住这个机遇，真正快速地让我们的基金会，让我们的慈善组织发展起来，承担起更大的社会使命！

（本文为北京师范大学中国公益研究院院长王振耀在中国基金会发展论坛 2020 湖北峰会上的演讲，未经作者审订）

“四问”
30年公益的进与退

徐永光

引言

30年公益进退如之何？社会动员机制是进步了还是退步了？互联网公益的风筝线何时可以挣脱？公益供应链生态圈建设的道路还有多远？社区公益、员工公益起步了吗？……

2019年11月20日，习近平总书记寄语希望工程30周年，称希望工程的贡献之一是“创新社会动员机制”。这是对公益事业社会功能的一个重要评价，也是第一次。

我30年一贯处在公益第一线，感觉应该以此破题，做一些反思，对30年公益进退设“四问”。

第一问　公益的社会动员力如何

30年希望工程筹款总额不过150亿元，只是现在全国一年公益捐款的十分之一，几乎微不足道。但是，希望工程最重要的突破就是社会化动员。在希望工程10周年时，我和康晓光主编了《第三部门研究丛书》，孙立平教授写了《动员与参与》，专门论述希望工程的社会化动员机制。

希望工程一开始，我们面临两种选择：一是借共青团体制的路径，或者说借体制优势开始筹款；二是完全开放，进行社会化动员。我们选择了后者。孙立平在书中照录了我的话：

“当时我非常明确的一点是，要有一种新的思路，而不能按照传统的共青团工作的模式来进行，即由团中央发文件，先发动共青团员捐款，再由我们去救助。我知道希望工程如果一开头就在团内搞，抢夺本来就十分有限的资源，肯定是要失败的。当时我就提出，必须做成直接面向全社会的一种开放的系统，不应在一个封闭的共青团内来搞。”

我们一开始是投入巨大人力和成本，发出50万封募捐信，后来花钱在《人民日报》做募捐广告。解海龙的大眼睛照片家喻户晓，凌峰的希望工程百场义演风靡全国，百万爱心行动，“1+1”助学行动的一对一救助模式，邮局发明信片，电信发电话卡，央行发流通纪念币，拍电影《凤凰琴》，做大型纪录片，注册希望工程商标……社会动员手段“无所不用其极”。

邓小平为希望工程捐款是匿名的，我们调查出来，捐款落实后，孩子们写信给邓爷爷的报道不胫而走。领导人以普通公民、普通共产党员的身份捐款，真实表达了慈善事业的纯粹性。希望工程10周年，国家科委评估组的“希望工程评估报告”表明，普通公众知道邓小平为希望工程捐款的占62.2%。领导人身先士卒，普罗大众不令而行。

评估组到除西藏之外的省会城市入户调查，16岁以上居民知道希望工程的占93.9%，为希望工程捐款的占63.5%。97.8%的捐款人表示，捐款是出自自愿，不是自愿的占0.6%，说不清楚的占1.6%。

时间过去了30年，当下中国公益的社会动员和公众参与度如何？有人说，希望工程太特殊了，不好比。那我们把当年一个希望工程和今天全公益行业的动员力做一个比较总可以吧。30年前，中国人普遍穷。孙立平说：希望工程是穷人帮更穷的人。

今天，中国有捐款能力的人起码有六七亿人。被公益机构动员参与公益捐款的到底有多少人，我没有调查数据，但从“99公益日”看，全国几千家公益组织、上万个公益项目参与的大型募捐活动，我相信有捐款能力的人99%没有参加，或者根本不知道“99公益日”。

更需要检讨的是，公益募捐的规则是，互不相识的人给不特定的人或公益项目捐款。希望工程肯定是这样做的，我在启动希望工程第一天就宣布：不向朋友募捐，不杀熟。而今天的“99公益日”，主要是在公益圈玩，自娱自乐，朋友圈杀熟。现代公益几乎倒退回到了传统慈善。传统慈善就是熟人社会的守望相助。而且现在不少基金会做的是个人大病求助捐款，这也属于传统慈善，不是现代公益。

第二问　数字经济时代，公益表现如何

我已经有一篇《解放互联网公益生产力》，没读过的朋友建议读读。我附了一句很糙的话，读完了无动于衷的人可以离开公益，洗洗睡去。

今天我努力用数据说话，把全国互联网公益募捐平台筹款规模和4家公司的个人求助募捐作比较。《中华人民共和国慈善法》（以下简称《慈善法》）出台三年，由民政部指定的全国互联网募捐平台捐款不到百亿元；而水滴筹、轻松筹、无忧筹、爱心筹4家私人公司，3年为个人大病求助募捐超过500亿元。前者是现代公益，后者是传统慈善；前者可以动员亿万公众参与，现在倒退到朋友圈杀熟；后者原本是熟人之间的馈赠互助，现在则动员了数亿互不相识的人参与，帮助数十百万困难人群解困。

毛病出在哪里？互联网公益募捐是有绳子牵着的风筝，如何飞得高？不归属《慈善法》管的个人求助互助平台则借助互联网放了卫星。2018年水滴筹获中国社企论坛年度社会企业大奖时，我对他们说了4句话。前两句："互联网激活传统慈善，志愿者化解信任痛点。"我说有了这两点，就能出现"一人有急难，天下施援手"，公民互助"秒杀"解决。

第三问　公益供应链生态圈建设如何

美国的基金会有10万多家，自己有钱自己花的运作型基金会只占4.3%。美国年度约4000亿美元捐款收入中，其中13%左右、大约500亿美元来自基金会的捐款。美国的基金会是撒钱的机构，而中国的基金会是吸金的机构，其中公募基金会、慈善会吸纳了大部分捐款，主要是自己用。中国7000多家基金会，其中资助型基金会不到1%。

中国的社区公益组织、草根NGO资助或购买服务收入，主要来自政府，这没有什么不好，政府采购多多益善，但这不正常。

2018年南都基金会与国家行政学院共同进行了中国非营利组织经济规模研究，即N-GDP研究。结果是，2016年，社会组织70万家，总支出6373亿元，占全国GDP的0.83%；而创造GDP只有2789亿元，占GDP的0.37%。公益GDP跑哪儿去了？两个原因：一是有不少钱做了政府的项目；二是没有形成基金会捐款支出

与草根 NGO 服务的供应链，NGO 提供社会服务是能产生 GDP 的。如南都基金会的支出几乎全部用于 NGO 的发展，就能产生相应的 N-GDP。

中国的公益生态非常落后，不仅表现于有钱的机构和做事的机构没有形成优势互补合作共赢的供应链生态圈。还存在一个困境：有公募资格的慈善组织往往浮在上面，主要向企业主募捐，而数量最大的社区服务机构不可以去企业向员工募捐。要形成中国公益慈善的新生态，必须回过头来学习美国创立于 132 年前的联合之路劝募模式，但中国现在只有一家联劝基金会。

联合之路每年在美国所有城市开展的公司募捐，是地毯式的一个不落。开展募捐活动期间，一般会请当地的一些优秀的社会组织草根 NGO 来介绍他们的项目，员工在决定捐款的同时，会指定自己的捐款捐给哪一家机构，公司匹配的捐款也会到这家机构。即便在各种创新的慈善募捐模式层出不穷的今天，如给有钱人设立捐款人建议基金 DAF、在线募捐平台的出现，联合之路在全球每年筹款还有近 50 亿美元。

在中国，可以改变中国公益生态的企业员工参与的联合劝募还没有起步。这正是为我们打造公益供应链生态圈留下的巨大空间，需要公募基金会、慈善会与公益服务组织联合起来，也是让公益文化、文明深入到企业社区，与政府一起进行社会治理创新的途径

第四问 公益的真正驱动力找到了吗

这个问题，类似李小云教授提出的公益“元问题”。

耶鲁大学法学院教授苏珊·罗斯 – 阿克曼（Susan Rose-Ackerman），早在 1986 年就编辑出版过《非营利制度的经济学》，其中提出，慈善 – 公益事业的顾客是捐献者而非帮扶对象，即捐献者的效用满足才是慈善事业的驱动力。

这与我 20 多年前讲希望工程成功的秘诀如出一辙——“希望工程向社会揭示了中国农村地区教育发展和数百万儿童因家庭贫困而失学的严重现实，而儿童问题、教育问题、贫困问题，正是社会最为关注的热点。希望工程聚合了这三大需求，建立了以需求为导向的资源动员管理机制。让需求→刺激→供给（捐款）→反馈成为一个不断放大的良性循环系统。在这个系统中，捐款人有强烈的参与感和成就感。贫困地区受助儿童的成长，满足了他们精神上的需求，供给者同时又成

了需求者。捐、受双方互为需求、互为供给，双向受益。”

这就是公益经济学，满足所有利益相关者的需求，而没有捐赠人需求的满足，公益等于零。

我们做公益的很多人不懂得这个道理，总是喊着让捐赠者帮这帮那，甚至帮帮我们公益人吧。你搞反了，你要说：我在帮助你，让你的捐款花得有效益，让你有成就感，睡着觉都能笑醒。

借题发挥，说了这么多。一言以蔽之：30 年公益进退如之何？社会动员机制是进步了还是退步了？互联网公益的风筝线何时可以挣脱？公益供应链生态圈建设的道路还有多远？社区公益、员工公益起步了吗？公益驱动力的伦理误区走出来了吗？“如之何”包含三个意思：怎么样？怎么了？怎么办？

这三个问号就留给大家来解答吧。

（本文为南都公益基金会理事长徐永光在 2019 年中国基金会发展论坛上的发言内容。来源：南都公益基金会）

新冠肺炎疫情暴发后，出台了哪些社会组织扶持政策

智库观察

引言

肆虐全球的新冠肺炎疫情对社会组织的发展也带来不同程度的冲击和影响。为了促进社会组织的平稳健康发展，有哪些地区相继出台哪些支持性政策措施，帮助社会组织应对疫情，克服困难？

一、财税优惠政策

01. 减半征收或免征“三项社会保险”单位缴费部分

2020年2月20日，人力资源社会保障部、财政部、国家税务总局联合印发《关于阶段性减免企业社会保险费的通知》。从2020年2月起，湖北省以外的各类社会组织减半征收基本养老保险、失业保险、工伤保险（以下简称“三项社会保险”）单位缴费部分，政策执行到2020年4月；湖北省的各类社会组织免征三项社会保险单位缴费部分，政策执行到2020年6月。

02. 减征职工基本医疗保险单位缴费部分

2020年2月21日，国家医保局、财政部、国家税务总局联合印发《关于阶段性减征职工基本医疗保险费的指导意见》，提出自2020年2月起，对职工医保单位缴费部分可实行减半征收，减征期限最长不超过5个月。但考虑到各地实际情况的不同，未对各地减征提统一的具体要求。

在具体执行层面，以广东省为例，2020年3月3日，广东省医疗保障局、国家税务总局广东省税务局印发《关于进一步明确阶段性减征职工基本医疗保险费有关意见的通知》，各类社会组织可按规定享受减半征收职工基本医疗保险单位缴费。

03. 小规模纳税人减免增值税

2020 年 2 月 28 日，财政部、国家税务总局发布《关于支持个体工商户复工复业增值税政策的公告》，自 2020 年 3 月 1 日至 5 月 31 日，湖北省增值税小规模纳税人，免征增值税和暂停预缴增值税；其他省份小规模纳税人增值税征收率和预征率由 3% 降至 1%。2020 年 4 月 30 日，财政部、国家税务总局再次发布《关于延长小规模纳税人减免增值税政策执行期限的公告》，将税收优惠政策实施期限延长到 2020 年 12 月 31 日。

按照 2018 年 4 月 4 日财政部、国家税务总局印发的《关于统一增值税小规模纳税人标准的通知》，增值税小规模纳税人标准为年应征增值税销售额 500 万元及以下。按此标准，大部分社会组织可能被认定为小规模纳税人，享受增值税减免政策。

此外，诸如延期缴纳社会保险费、降低住房公积金缴存比例等有关政策措施，受本文篇幅所限，不再详述。

二、社会组织管理优化与资金扶持政策

疫情发生以来，民政部及一些地方民政部门也陆续出台政策措施，促进社会组织正常运转。综合来看，这些政策措施主要包含 3 个方面的内容。

01. 优化社会组织管理

包括优化审批办理、延后年检年报、放宽年检条件等。例如，在重庆市民政局发布的支持社会组织打好疫情阻击战十条政策措施中，提出申办“一次不跑”，即社会组织在线申办成立、变更、注销登记等行政许可事项，一律采取网络提交（同时邮寄必备的纸质件）方式进行办理，实现办事“零接触”、申办人一次不跑路。

02. 优化项目实施

例如，在四川省民政厅印发的《有效应对疫情促进社会组织平稳运行 10 条措施》中就提出，“对于履行中的购买社会组织服务项目，因疫情暂停的，可采取内

容调整、延期履行等方式进行调整，及时足额按项目进度拨付资金。对已拨付资金的购买服务项目，确因疫情无法执行或被迫终止的，登记管理机关应积极协调当地财政部门同意，可适当支付人力成本。”

03. 加大资金扶持

在民政部办公厅印发的《关于调整优化有关监管措施支持全国性社会组织有效应对疫情平稳健康运行的通知》中，提出将社会工作、社会救助、社区服务等纳入中央财政支持社会组织参与社会服务项目支持范围，支持社会组织开展疫后困难救助、心理辅导、综合性社会支持网络构建等社会服务。

在地方层面，例如广州市第七届社会组织公益创投活动投入福彩金1800万元，与往届相比，2020年单个项目资助上限由30万元提至50万元，并且资助金额的30%可用于人员费用支出，社会组织参与复工复产、脱贫攻坚项目将得到优先资助。此外，在成都市民政局印发的《有效应对疫情促进社会组织正常运转8条措施》中，提出全市民政领域社会组织扶持项目建立“机构发展金制度”，机构发展金可用于项目执行机构管理人员的工资、差旅费、办公场地租金、办公费、咨询费等非限定性支出，总额不超过项目扶持资金总额的20%。2020年拟签约实施的扶持项目，可按照不超过25%的比例设置项目机构发展金。

三、专门性扶持政策

针对受疫情影响更为严重的社会组织，一些地方和部门也出台了专门的政策，帮助这些行业纾解困难，渡过难关。特别是针对民办养老服务机构和民办幼儿园这两类组织制定了相应的扶持政策。

01. 登记为民办非企业单位的养老服务机构支持政策

除了按规定享受前述各项财税优惠等政策外，当前各地采取的其他实质性的支持政策还包括减免物业租金、发放一次性运营补贴、推出专属金融服务等。其中，深圳市、上海市的政策措施具有一定的代表性。

首先，在减免物业租金方面，例如在深圳市民政局印发的《关于积极应对新冠肺炎疫情扶持养老服务行业发展政策指引》中强调，对租用市、区政府以及市属、区属国有企业持有物业的养老服务机构，免除2个月租金。

其次，在发放运营补贴方面，深圳对全市范围内在新冠肺炎疫情防控期间正常运营的民办养老机构，按照疫情期间养老机构入住老人数量，以1000元/人为标准，发放一次性运营补贴。

最后，在专属金融服务方面，上海市民政局、中国银行上海市分行推出专属金融服务方案（中银助老“金九条”）。支持对象包括从事机构养老、社区托养、居家照护、老年助餐、智慧养老等服务的企业和社会服务机构，以及养老服务产品的生产商、销售商、服务商。中国银行上海市分行提供首期30亿元专项信贷规模资源，全力支持符合国家政策和信贷基本条件的养老服务机构运行的实际资金需求。继上海之后，中国银行深圳市分行和深圳市民政局制定了《支持深圳市养老服务行业发展专属金融服务方案》，中国银行深圳市分行设立了50亿元专项养老信贷额度，帮扶养老服务行业应对疫情带来的不利影响，推动行业持续健康发展。

02. 登记为民办非企业单位的民办幼儿园支持政策

2020年4月15日，教育部办公厅就各地做好疫情防控期间民办幼儿园扶持工作发出通知，要求各地教育部门主动协调发展改革、财政、人力资源社会保障、金融、税务等部门，研究制定民办幼儿园阶段性扶持政策。在该通知发布前后，北京、浙江、广州、深圳、山东等多地陆续出台相关政策。总体来看，除了享受各项财税优惠政策外，其他实质性的政策内容主要包括3个方面。

01）减轻租金负担

例如，在广州市教育局出台的《关于切实做好疫情期间民办幼儿园、教育培训机构和义务教育阶段民办学校帮扶工作的通知》中提出，“民办幼儿园、教育培训机构和低收费的义务教育阶段民办学校，对承租市属、区属国有企业和行政事业单位物业用于线下实体经营的中小微企业，免收2、3月份的物业租金，视疫情情况可减半收取4、5月份的物业租金”。

02）帮助解决疫情期间运行资金问题

例如，在北京市教育委员会、北京市财政局印发的《关于新冠肺炎疫情期间支持民办幼儿园稳定发展的通知》中，要求经区教委认定且符合市级财政补助条件的普惠性幼儿园，按照2020年1月在园儿童数，于2020年3月底前一次性拨付1—6月的生均定额补助。同样，广州、深圳、浙江、江苏、山东等地的政策也均强调各类补助、资助、奖励资金的提前下拨，最大限度地保障园所和教职工队伍的稳定。

03）落实幼儿资助政策

例如，在浙江省教育厅、浙江省财政厅印发的《关于进一步做好疫情防控期间民办幼儿园扶持工作的通知》中，要求各地各校尽快开展城市低保家庭幼儿、特困供养幼儿、低收入农户家庭幼儿、建档立卡贫困家庭幼儿等特殊群体和因新冠肺炎疫情等突发情况导致家庭经济困难的幼儿的认定工作，全面落实好幼儿资助政策，及时发放资助资金，确保需要资助的幼儿能正常入园和生活。

此外，诸如浙江省残联等一些地方部门为了缓解疫情对残疾人服务机构造成的困难，联合其他部门也制定出台了相关政策。政策的主要方向和内容与民办养老机构等扶持政策相类似，在这里不再详述。

（来源：广州社会组织研究院）

慈善动态

善良不是一门科学，而是一种行为。

——［法国］罗曼·罗兰

2020 年脱贫攻坚督查启动

记者 7 月 17 日从国务院扶贫办了解到，近日国务院扶贫开发领导小组开展 2020 年脱贫攻坚督查工作。

国务院扶贫办有关负责人介绍，本次督查的主要任务是，对中西部 22 个省份脱贫攻坚专项巡视“回头看”、成效考核、“不忘初心、牢记使命”主题教育检视问题、问题排查等发现问题整改工作开展督查，坚持目标导向、问题导向、结果导向，与基层共同发现问题、解决问题，确保如期高质量完成脱贫攻坚目标任务。督查重点关注贫困劳动力外出务工、消费扶贫、公益岗位、易地扶贫搬迁后续帮扶等工作，同时关注各地克服疫情影响情况、防止返贫监测和帮扶情况、防范洪涝地质灾害等风险情况、脱贫攻坚普查前期准备情况等。对 2019 年退出贫困县进行抽查，重点检查退出质量，特别是“两不愁三保障”实现情况。

据了解，本次督查的 22 个督查组由国务院扶贫开发领导小组成员带队，抽调有关单位人员组成，并邀请各民主党派中央派员参加。督查主要采取实地督查、暗访抽查、受理举报等方式进行，有关情况将向党中央、国务院报告。

（来源：新华社　记者侯雪静）

中央财政下达 94.5 亿元　支持农村教师特岗计划

记者 7 月 21 日了解到，按照国务院常务会议关于促进高校毕业生就业的部署要求，近日，中央财政下达 94.5 亿元，落实对农村义务教育特岗教师工资性补助政策，比上年增加 6.7 亿元，增长 7%，支持地方在上年增加 1 万人基础上，进一步扩大特岗教师招聘规模 5000 人，达到 10.5 万人，优先满足“三区三州”等深度贫困地区县，特别是 52 个脱贫攻坚挂牌督战县，以及新冠肺炎疫情严重地区县的村小、教学点教师补充需求，并向湖北籍和湖北省高校毕业生倾斜。

农村义务教育教师特岗计划实施以来，有效缓解了乡村教师短缺的问题，乡村教师队伍的学历结构、年龄结构和学科结构得到优化。“十三五”时期，特岗计划招聘规模不断扩大，2017—2019 年连续 3 年每年增加招聘计划 1 万人，提前一年实现年招聘10万人的工作目标，到2020年底中西部地区招聘特岗教师将突破44万人；中央财政5年来累计安排379亿元，落实对特岗教师的工资性补助政策。

根据日前教育部办公厅、财政部办公厅联合发布的《关于做好2020年农村义务教育阶段学校教师特设岗位计划实施工作的通知》，2020年全国计划招聘特岗教师10.5万名，中央财政继续对特岗教师给予工资性补助。教育部、财政部将根据各地2020年设岗计划和往届特岗教师在岗人数核拨2020年“特岗计划”中央补助经费。

（来源：人民网　记者庄红韬）

六部门：高职扩招向贫困地区特别是连片特困地区倾斜

新华社记者7月11日从教育部了解到，为贯彻落实今年政府工作报告关于“今明两年职业技能培训3500万人次以上，高职院校扩招200万人，要使更多劳动者长技能、好就业”的要求，日前，教育部、国家发展改革委等六部门联合下发《关于做好2020年高职扩招专项工作的通知》，要求各地全面深化职业教育改革，进一步稳定高职扩招规模，确保稳定有序、高质量完成2020年高职扩招专项工作。

通知明确，各地要系统总结经验做法，做好扩招各环节工作，向优质高职院校倾斜，向区域经济建设急需、社会民生领域紧缺和就业率高的专业倾斜，向贫困地区特别是连片特困地区倾斜，在对退役军人、下岗失业人员、农民工、高素质农民等群体单列计划的基础上，积极动员企业员工和基层农技人员等在岗群体报考。各地要统筹做好本地疫情防控和高职扩招工作，适时组织高职扩招专项考试的补报名和招录工作，为学生接受高职教育提供多种入学方式。

通知强调，中央财政继续加大对高职院校扩招支持力度，各地要切实履行主体责任，加快补齐办学条件，加大政府购买高职教育服务力度，加强高职院校教师队伍建设，科学编制专业人才培养方案，做好分类教育管理工作，严把人才培养质量关，实现质量型扩招。

（来源：新华社）

中华慈善总会参与脱贫攻坚工作受到民政部社管局通报表扬

5月15日，民政部社会组织管理局发布关于中华慈善总会等4家社会组织参与定点脱贫攻坚相关工作情况的通报。

通报中说，社会组织是我国社会主义现代化建设的重要力量，是联系爱心企业、爱心人士等社会帮扶资源与农村贫困人口的重要纽带，是动员组织社会力量参与脱贫攻坚的重要载体，是构建专项扶贫、行业扶贫、社会扶贫“三位一体”大扶贫格局的重要组成部分。中华慈善总会等4家社会组织积极响应党中央号召，贯彻落实民政部党组部署安排，充分发挥自身优势，结合贫困地区实际，发动力量、整合资源，聚焦需求、多措并举，对江西省莲花县、遂川县实施精准扶贫，取得良好效果。

通报具体介绍了中华慈善总会参与定点脱贫攻坚工作的相关情况。通报中说，近年来，中华慈善总会认真贯彻习近平总书记关于脱贫攻坚的系列重要指示批示精神，按照民政部党组统一部署安排，充分发挥自身资源与组织网络优势，与各地慈善会一道形成联动态势，构筑合作平台，共同聚力深度贫困地区，以善款投入及项目开展作为工作着力点，不断强化精准扶贫，助力脱贫攻坚。在2018年投入710万元实施定点扶贫基础上，2019年，中华慈善总会通过总结经验和实地调研，在江西省莲花、遂川两县有针对性地实施了“慈善情暖万家”与“职业技能培训就业”项目，为巩固两县脱贫攻坚成效作出了贡献。

通报总结了中华慈善总会参与定点脱贫攻坚工作的三条成功经验：树立大局观念，强化责任意识，落实工作方案。实施精准扶贫，助力脱贫攻坚，既是社会组织的时代责任，也是社会组织发挥“服务国家、服务社会、服务群众、服务行业”作用的重要体现。中华慈善总会始终将此作为工作重中之重，成立了扶贫工作领导小组和精准扶贫工作组，多次召开会长办公会和扶贫工作专题会，通过深入调查研究确定帮扶实施计划，在创新扶贫模式、提升脱贫效果上凝神聚力、寻求突破。发挥项目优势，加强双向合作，实施精准帮扶。“慈善情暖万家”是中华慈善总会创立于2003年的品牌慈善项目，旨在动员社会各界爱心企事业单位与爱心人士于元旦、春节期间为基层困难群众捐款捐物，将温暖送抵千家万户。中华慈善总会连续3年在莲花、遂川两县开展“慈善情暖万家”活动。2019年1月10

日，在遂川县举行了“慈善情暖万家”活动全国启动仪式。其间，中华慈善总会联合爱心企业组成慰问组，深入遂川县泉江镇东皋村困难群众家庭进行慰问走访，将来自社会各界的关怀与温暖送到困难群众身边。此次活动共向遂川困难群众捐赠善款20万元，向莲花、遂川两县困难群众发放羽绒服4000件，折合人民币200.21万元。注重扶志扶智，激发内生动力，斩断代际穷根。扶贫扶志，是战胜与摆脱贫困的精神基础；扶贫扶智，是斩除贫困代际传递的治本之策。中华慈善总会经过深入研究和积极协调，与太原慈善职业技术学校合作创办了“慈善扶贫江西培训班”，率先对莲花、遂川两县特殊困难家庭成员进行技能培训，为提高其就业创业能力奠定基础。2019年6月28日，“江西培训班”正式开班，首批16名来自莲花、遂川两县的困难家庭学员免费接受烹饪专业技能培训。经考核合格，给学员颁发了专业结业证书和全国通用职业资格证书。上述针对莲花、遂川两县困难群众开展的慈善项目，共投入资金42.16万元。通报希望中华慈善总会再接再厉，以更大的决心、更加扎实的工作，为助力莲花、遂川两县全面打赢脱贫攻坚战作出贡献。同时希望各社会组织向受到通报表扬的社会组织学习，积极参与脱贫攻坚，为实现全面建成小康社会奋斗目标作出新的更大贡献。

（来源：中华慈善总会官网）

北京：将投入1亿元支持养老服务机构运营

记者5月17日从北京市民政局了解到，为应对新冠肺炎疫情影响，北京市将拿出1亿元资金用于支持养老服务机构运营。

北京市民政局副局长李红兵介绍，自1月27日全面实行封闭式管理以来，北京全市682家养老服务机构、4.8万名老年人未发生一起新冠肺炎感染。同时，各养老服务机构受疫情影响，在收入降低15%—20%的同时，日常支出也上升了15%左右。为帮助养老服务机构共渡难关、稳定发展，北京市将通过提高补贴标准、减免房租等方式，减轻疫情对养老服务机构运营的影响。

提高养老机构运营补贴标准方面，将在现有运营补贴标准的基础上，对各养老机构按照疫情期间实际收住老年人的数量，每人每月增加500元补贴。养老机构实际收住老年人数量以北京市社会福利综合管理平台归集的北京市户籍老年人数据为准，月度内老年人入住时间满15天（含）的，以一个月计发运营补贴；未满 15 天的，不予计发运营补贴。养老机构已经停止运营且后续不再运营的，不再给予养老机构运营补贴。

对于城区社区养老服务驿站和农村幸福晚年驿站，运营补贴主要用于支持人力成本、能耗成本，减少疫情影响带来的损失。已收住临时托养老年人且按照政府要求实行封闭管理的城区社区养老服务驿站和农村幸福晚年驿站，在参照养老机构运营补贴给予每名老人每月 500 元补贴的基础上，再分别按照每月 2 万元和 1 万元的标准给予补贴。

（来源：新华社）

上海：调整法律援助对象经济困难标准

重磅！上海调整法律援助对象经济困难标准。7 月 22 日，记者获悉，上海市司法局发布了《关于调整本市法律援助对象经济困难标准的公告》。

为了进一步加大民生保障力度，让困难群众共享经济社会发展成果，经市政府同意，上海市将从 2020 年 7 月 1 日起调整最低生活保障及相关社会救助标准。其中，低收入困难家庭申请专项救助的收入认定标准调整为：居民家庭月人均可支配收入低于 2480 元。家庭财产等其他标准仍按现行有关规定执行。

在此背景下，上海市司法局发布《关于调整本市法律援助对象经济困难标准的公告》，将上海市申请法律援助的收入标准统一调整为：城乡居民家庭月人均可支配收入低于 2480 元。家庭财产等其他标准仍按现行有关规定执行。

（来源：《新民晚报》 记者宋宁华）

安徽：累计投入财政专项扶贫资金 161.1 亿元

5 月 25 日，安徽省政府新闻办召开贯彻落实中央“六稳”“六保”部署要求新闻发布会（第六场）。省财政厅通报保基本民生、保基层运转工作进展情况。记者从会上获悉，2020 年继续实施 33 项民生工程，截至 4 月底，各级财政已累计拨付资金 814 亿元，有力有序推动民生工程实施。

安徽省财政厅副厅长王召远介绍，在实施民生工程方面，今年以来，面对疫情对经济社会造成的严重冲击，省财政厅把实施民生工程、推动改善民生放在更加重要的位置，在项目谋划上聚集“七有”，补短板、强弱项，在启动实施上打好前提量，2020 年继续实施 33 项民生工程，截至 4 月底，各级财政已累计拨付资金 814 亿元，有力有序推动民生工程实施。

在决战决胜脱贫攻坚方面，截至目前，全省各级财政累计投入财政专项扶贫资金 161.1 亿元，比上年全年增加 19.1 亿元，增长 13.5%。统筹地方政府债券资金 61 亿元，支持农业基础设施建设和易地扶贫搬迁后续扶持。安徽省财政厅在分配资金时，统筹考虑疫情影响和巩固拓展脱贫成果需求，向受疫情影响较重的地方予以适当倾斜，支持高质量打赢脱贫攻坚战。

此外，安徽进一步提升基础财政保障能力，加大转移支付力度，加大省对市县财政转移支付力度，重点增加财力薄弱地区转移支付，1—4 月省财政下达市县转移支付 2078.6 亿元，较去年增长 7%，其中，预拨均衡性转移支付 20 亿元，支持市县提升财政保障能力，全面做好疫情防控、基本民生和基层运转经费保障工作。

（来源：《合肥晚报》）

湖北：抗疫“慈善信托”助力武汉复工复课

记者 5 月 18 日获悉，由国通信托担任受托人的“中国信托业抗击新冠肺炎慈善信托”启动武汉市复工复课消毒项目援助行动。

新冠肺炎疫情暴发后，中国信托业协会向全行业发出倡议书，号召信托公司积极参与慈善信托。短短 3 天内参与信托公司达 61 家，累计募集资金 3090 万元，慈善信托首批捐赠于 2 月 1 日投放完成。截至 4 月底，累计支出捐赠资金近 2000 万元，捐赠对象 20 个，涉及武汉、孝感、黄冈、襄阳、十堰、随州等地，前期主要向医疗系统捐赠医疗物资、设备或现金。

随着疫情防控形势向好，慈善信托重点工作逐步转向支持复工复产复学及困难人员帮扶等方面，本次消毒捐赠项目就是其中之一。本次项目系该慈善信托开展的第 24 个慈善项目，根据国通信托与政府相关部门、蓝天救援队、武汉市慈善总会达成的捐赠意向，慈善信托和蓝天救援队对武汉市各区复工复课中遇到的预防性消毒需求提供援助，首期捐献物资规模预计 200 万元。该项目第一批入场消毒工作已在 5 月 6 日普通高中毕业年级开学前全部完成，消毒场所包括江汉区、江岸区和武昌区的27所高中和职业学校，累计消毒面积超50万平方米，覆盖师生5万人。5月底之前，预计还将完成10个老旧社区消毒，消毒面积2300万平方米，覆盖群众7.5万余人。

（来源：《湖北日报》）

山东：今年将推动50%特困失能老人实现集中供养

山东省民政厅、山东省住房和城乡建设厅等部门日前联合提出，山东省今年将新建和改造护理型敬老院120处、床位1.1万张，推动特困失能老人集中供养率达到50%。

山东省民政厅等六个部门发布的《关于开展2020年全省养老院服务质量建设专项行动的通知》还提出，今年山东全省将培训养老院院长2000人、养老护理员7万人、专兼职老年社会工作者3700人；推动养老机构标准化水平明显提升，使70%以上养老机构符合相关规范要求；建立各司其职、协同配合的跨部门综合监管机制，进一步提高行业监管水平。

此外，山东省将实施敬老院改造提升工程。2022年底前，使全省每个县都建有1处以提供失能护理服务为主的县级特困人员供养中心，形成以县级敬老院为中心、中心敬老院和乡镇敬老院为衔接的特困人员集中供养体系，护理型床位占比达到55%以上，所有敬老院达到二级以上养老机构标准。

（来源：新华社）

广东：出台推动慈善事业高质量发展21条具体举措

近日，经广东省政府同意，广东省民政厅印发《广东省推动慈善事业高质量发展若干措施》（以下简称《若干措施》），从培育慈善主体、拓宽参与渠道、激发慈善活力、弘扬慈善文化、加强监督管理、健全保障机制等方面提出21条具体的促进举措。

《若干措施》提出，加快慈善组织培育发展，优先培育扶贫济困的慈善组织，鼓励发展促进科教文卫体事业、环境保护等新兴慈善组织。加强慈善组织能力建设，鼓励符合条件的慈善组织向社会提供服务。采取政府购买服务等方式，加大对慈善组织的扶持力度，将适合政府购买服务的慈善项目纳入有关部门政府购买服务目录，在社会救助、养老服务、儿童服务、扶贫济困、社会工作、志愿服务运营管理等政府购买服务中，同等条件下优先考虑慈善组织。鼓励城乡社区居（村）委会、物业管理公司、业主委员会建立慈善互助会或设立互助基金等，推动社区慈善发展。支持发展慈善创新项目，鼓励企业和个人在慈善组织内通过设立慈善冠名基金、冠名项目开展慈善活动。

《若干措施》提出，以社会化为导向，运用市场机制推动慈善超市建设。广泛设立慈善捐赠站（点），方便群众开展经常性捐赠，引导群众积极捐赠家庭闲置可用物品。探索建立慈善广场、慈善社区、慈善街道、慈善乡村、慈善学校、慈善公园等，形成各具特色、内涵丰富、人人可参与的便利慈善平台。推动慈善文化融入日常生活，把慈心善行落实到日常生活中，树立与人为善、以善为荣、以善为乐的价值理念。拓宽慈善走进千家万户的路径，倡导以家庭为单位参与慈善事业，将慈善作为家风重要内容，培育家庭慈善理念，在家庭成员中形成共同参与慈善活动的良好风尚，将慈善家庭作为评选文明家庭、“广东好人”的重要依据。

《若干措施》提出，推动慈善和社会工作融合发展。引导慈善组织设立社会工作岗位、社会工作服务机构依法链接慈善资源，促进社会工作与慈善事业融合发展。发挥社会工作专业优势，鼓励慈善组织运用社会工作理念和方法开展慈善项目，提供心理疏导、情绪支持、保障支持等服务，推动慈善组织从单一的物质救助向物质救助与精神支持、能力提升并重转变，为服务对象提供精准化、精细化的专业服务。鼓励符合条件的社会工作服务机构申请认定为慈善组织，发挥社会工作贴近基层、了解群众需求、链接慈善资源的优势，动员社区居民积极参与慈善活动。

（来源：央视新闻）

广西：下达中央困难群众救助补助资金 28 亿余元

5 月 25 日，记者从自治区财政厅获悉，我区近日下达了中央第二批困难群众救助补助资金 28.53 亿元。截至目前，广西财政已累计筹措困难群众救助补助资金 93.11 亿元，较上年增加 4.97 亿元，同比增长 5.6%。

据悉，下达的资金将由各地统筹用于落实城乡最低生活保障、特困人员救助供养、流浪乞讨人员救助、残疾人两项补贴、临时救助和孤儿生活保障等各项困难群众救助政策和阶段性价格临时补贴政策。该项资金根据中央和我区困难群众救助补助资金管理办法的规定，采取因素分配法，主要以各地困难群众对象人数、财政困难程度、各地结余情况和资金使用绩效等因素进行分配。

困难群众救助资金是困难群众的保命钱、救命钱。自治区财政厅表示将按照中央和自治区的统一部署、协同配合，紧盯各项救助政策和资金落实，按照财政事权支出责任划分的原则，切实做好困难群众救助补助资金保障工作，提高资金使用绩效，将困难群众救助补助资金管好、用好。

（来源：《广西日报》 记者周红梅）

济南：社会救助审批压缩到 15 个工作日内　特困群众 24 小时内先行临时救助

2020 年 7 月，山东省济南市政府办公厅印发《关于统筹完善社会救助体系的实施意见》（以下简称《实施意见》），提出力争到 2024 年年底前实现城乡低保标准和城乡特困人员救助供养标准一体化，有条件的区县应先行先试。同时，将社会救助审批期限由 37 个工作日压缩到 15 个工作日以内，对特殊困难群众要在 24 小时内先行给予临时救助。

《实施意见》从完善社会救助制度体系、流程体系、能力体系、监管体系四个方面提出了 12 条措施，涵盖了省政府文件精神，提出了符合济南实际的具体意见。

针对健全社会救助兜底保障网问题，提出进一步扩大救助对象覆盖范围，依托省社会救助综合管理信息平台，统筹最低生活保障、特困人员供养救助、孤困儿童保障、教育救助、医疗救助、临时救助、慈善救助等各部门的专项救助，构建社会救助兜底保障网络，为更好开展救助工作提供服务支持，实现城乡困难群体救助全覆盖。

针对救助标准偏低问题，提出按照上年度城乡居民人均生活消费支出比例分别测算确定城乡低保标准和孤困儿童基本生活保障标准，到 2021 年，城乡低保标准之比原则上在 1.3 ：1 以内；城乡特困人员的救助供养基本生活标准按照不低于城乡低保标准的 1.5 倍确定，照料护理标准坚持差异化服务原则分别按上年度最低工资标准的 10%（自理）、20%（半自理）、35%（失能）的比例确定。力争到

2024 年年底前实现城乡低保标准和城乡特困人员救助供养标准一体化，有条件的区县应先行先试。

《实施意见》提出，进一步完善农村低保家庭贫困状况评估体系，将建档立卡贫困户中符合条件的重度残疾人、大重病患者按照单人户纳入低保范围，对建档立卡贫困户的孝善扶贫补助、扶贫专岗收入、扶贫项目分红收入不计入家庭收入；享受低保的建档立卡贫困户超出低保标准后，可继续保留低保待遇 12 个月，确保贫困群众实现稳定脱贫后再退出低保范围。

值得关注的是，济南深化社会救助“放管服”改革。《实施意见》明确，由区县政府授权，将社会救助审批权限委托下放到镇（街道）实施，实现社会救助审批和监督管理职能分离；进一步拓宽受理渠道，人户分离、城乡混合的困难家庭可就近向市区域内的有关镇（街道）提出社会救助申请，实现群众就近能办、多点可办；简化审批环节，优化社会救助审批流程，将社会救助审批期限由 37 个工作日压缩到 15 个工作日以内，对特殊困难群众要在 24 小时内先行给予临时救助。

此外，济南将逐级建立社会救助家庭守信激励和失信惩戒机制，全面推行申请申报社会救助事项守信承诺制度和失信记录制度。对提供虚假材料、违反承诺制度、存在严重失信等行为造成严重后果的，实施信用约束、联合惩戒，按照有关规定纳入“黑名单”，并向社会公布。

（来源：《济南日报》 记者张茜）

慈善影像

心存善念，必有善行；善念善行，天必佑之。

——《增广贤文》

如果我们变了，村子就变了
——仙娘溪村民打造村广场的故事

图 / 周子豪 阿甘 文 / 绿耕

引言

大家慢慢散去之后，广场重新变为宁静。月亮正悬在祠堂后山上空，不久之后太阳会从那里升起来，仙娘溪人很快会迎来新的一天。

广州市从化区良口镇有个仙娘溪村。村里有一个大集体时的公共饭堂旧址。几年前，政府实施“危房改造”工程，很多村民建新房子时，把建筑垃圾倾倒在旧饭堂前，旧饭堂一时成了建筑材料垃圾场。

2017年，村民想改建这个旧饭堂，改善村居环境。由驻村的广东绿耕城乡互助社的社工牵头，联系深圳大学建筑系的郭子怡老师，和村民一起展开了一场讨论。最后，按照“参与式设计”和“废旧材料利用”的理念，仙娘溪人开始“自己的广场自己建”。

确定设计方案、做捐工捐料统计表，并发放到各个小组让村民填写。根据村民捐赠的材料，开始样板制作。正式施工那天，村民拿着铁锹、铲子和锄头来投工。村民投工一上午，还要回家做饭，麻烦且浪费时间。有人提议，可以向外出务工的村民募集一些资金，给来投工的村民提供一顿午餐。募捐通知发布后，收到很多外出村民的捐款。

11月，村子的水稻黄了，村民要抓紧收晒稻谷，广场有短暂的停工。12月，收完黄豆、花生和番薯，村民再到广场投工。

2018年初，小广场终于建好。大家坐在广场上，闲聊这几个月来的点点滴滴。子荣说：我觉得建个广场很好，给妇女们跳个舞，锻炼身体，给村民多点娱乐场所。阿华说：仙娘溪很小，但是我们所做的是一件很伟大的事。世界上有那么多的村子，有几个村子能像我们这样子做？阿成说：如果我们变了，村子就变了。

是啊，广场的建造把大家凝聚在一起，这个凝聚力，今天可以是一个广场，明天就会是别的什么。

一个自然村的村民在自己的村子建了一个广场，其间曲折艰难，颇有点愚公移山的味道，更不要说村庄的常住人口只有100来人

事情的起因缘于村民想改建大集体时公共饭堂旧址，改善村居环境，然后由驻村社工牵头联系了深圳大学建筑系的老师帮忙设计

在乡村微凉的晚上，村民代表们聚集在旧祠堂中，设计团队提出由村民自己捐工捐料，建一个有特色的广场，材料方面要就地取材，尽量利用村民的建筑废料，能不买的就不买。这些新颖的想法，得到了很多村民踊跃的支持，广场建造也终于拉开帷幕

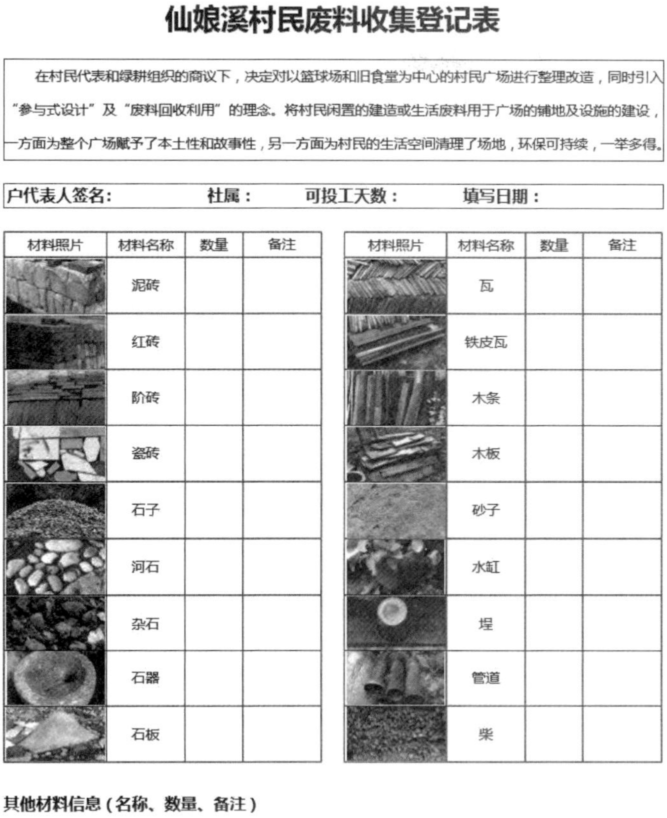

仙娘溪村民废料收集登记表

在村民代表和绿耕组织的商议下，决定对以篮球场和旧食堂为中心的村民广场进行整理改造，同时引入"参与式设计"及"废料回收利用"的理念。将村民闲置的建造或生活废料用于广场的铺地及设施的建设，一方面为整个广场赋予了本土性和故事性，另一方面为村民的生活空间清理了场地，环保可持续，一举多得。

户代表人签名：　社属：　可投工天数：　填写日期：

材料照片	材料名称	数量	备注	材料照片	材料名称	数量	备注
	泥砖				瓦		
	红砖				铁皮瓦		
	阶砖				木条		
	瓷砖				木板		
	石子				砂子		
	河石				水缸		
	杂石				埕		
	石器				管道		
	石板				柴		

其他材料信息（名称、数量、备注）

确定设计方案之后，设计团队根据村庄现有建筑材料做了简单的捐工捐料统计表，由村子5个社长发放到各个小组的村民填写

根据前期收到的村民捐工统计表，村民就去收集捐赠的材料，和设计团队一起开始做第一次样板制作

在进行几轮的样板测试之后，舞台开始施工。首先进行放线挖地工作，当天很多村民拿着铁锹、铲子和锄头来投工，大家一边干活，一边打打闹闹。这才是劳动该有的样子

在施工的过程中，村民投工一上午，还要回家做饭，麻烦且浪费时间。有人提议，可以向外出务工的村民募集一些资金，除了用于购买材料之外，还可以给来投工的村民提供一顿午餐。募捐通知发布之后，当天就收到很多外出的村民的捐款，几十元到几百元不等

11月，村子的水稻黄了，村民要在最后的好日头里把稻谷晒好，所以都赶着收割，中间有短暂的停工。在一砖一瓦的铺砌中，舞台在11月末完工

12月，收完黄豆、花生和番薯，农闲之余再到广场投工，小广场终于初具规模

关于小广场种树区要种什么树，有经验的村民选出几种枯落于不同季节，而且适合当季种植的树种。商定之后由一群村民去山上挖树种，当晚大家在广场上安装了两颗射灯，连夜就把树种下去了。看着灯光下朦胧的广场，有人说这是我们广场的点灯仪式

我们从来没有体会过，村子里面一起做一个事情是不要钱，大家投工投劳一起去做。村里面的祠堂理事会的成员和社长们能够很用心地去和建筑老师沟通，一起去做一些事情，把这个用来堆放废弃材料的旧饭堂建成这样一个广场，一个很美丽的广场

（来源：公众号“广东绿耕城乡互助社”）

慈善人物

德行善举是唯一不败的投资。

——［美国］亨利·戴维·梭罗

希望天下无“拐”的妈妈

——张宝艳和她的“宝贝回家”网

山 丘

别人都希望自己的事业越做越大，而她最大的心愿是希望自己的摊子能越铺越小，希望“宝贝回家”早日关门。她说，这样就说明，天下无“拐”了。

微信语音那头节制的哽咽和短暂的沉默

2020 年 5 月 18 日，历经 32 年，李静芝终于和儿子嘉嘉见面了。

1988 年 10 月，2 岁的嘉嘉被人拐走。32 年来，李静芝印制了 10 万份寻人启事，走遍了全国，看到了 300 多个孩子，加入了“宝贝回家”（全称宝贝回家寻子网）公益网站，参加过全国 20 余档电视寻亲节目，在找到嘉嘉之前，为 29 名孩子找到亲生父母，成为著名的“打拐妈妈”。

因为疫情，李静芝母子团员那一刻，“宝贝回家”的当家人、李静芝的朋友张宝艳没能出席在现场。她在微信里与笔者讲起李静芝的妈妈。两年前，95 岁的老人走了。走之前，老人经常昏迷不醒，但只要一醒来，看到女儿在身边，就说：你还坐着干什么，快上电视找嘉嘉呀！

讲到此处，微信语音那头是节制的哽咽和短暂的沉默。

今年 58 岁的张宝艳是一个地道的东北人，做“宝贝回家”之前，因为晕车，从不出差；跟寻子家长打电话，人家还没哭，她先哭。

百度里，她是“宝贝回家”寻子网的创始人，“宝贝回家”志愿者协会理事长，民革第十三届中央委员会委员，第十三届全国人大代表，《感动中国》2015 年度人物。

视频里，她肤色偏黑，身体微胖，爱穿蓝色衣服。

同事依依和可可眼里，她是亲如长辈的大姐。但我忘不了的是微信语音那头节制的哽咽和短暂的沉默。情到何处，才可能这样？

经历几次的约见，终于在新冠肺炎疫情稍平息的 7 月，在北京见到来录制《等着我》节目的张宝艳。

依旧是深色衣着，肤色比视频里更暗，人比视频里瘦、更年轻态，爱笑。

关于为什么创建“宝贝回家”网站，网上已经有很多的报道。1992 年，在银行工作的张宝艳读到一篇报告文学《超越谋杀的罪恶》，第一次知道还有拐卖儿童现象，觉得“挺可怕”。没想到同一年，她 4 岁的孩子在商场走丢。得知这一消息，张宝艳“头发都竖起来了，一边找一边哭”，直到晚上，外公把孩子送回了家。一场虚惊之后，张宝艳开始关注这个群体，在报纸上看到相关报道就打电话去安慰丢子家长。她发现，很多家长不知道“人贩子”的存在。她开始着手写剧本，以在通化市师范学院计算机中心工作的爱人为原型，讲一个建立寻子网站的故事，希望能给家长们“提个醒”。剧本没拍成，但张宝艳和爱人把剧本里的故事搬到现实里，建了寻子网站，期待“哪怕能帮人找到一个孩子，努力就不白费”。

我们的访谈就是从怎样建立网站开始的。

“要是把这个搬到现实中，能不能帮到人家？”

笔者：建网站顺利吗？

张：刚开始建的时候是最难的，一方面，大家都觉得打拐是公安的事情，我们是狗拿耗子——多管闲事；另一方面，那些找孩子的家长，一听说我免费帮他们找孩子，都把我们当骗子。那时候，包括身边的人，要么认为我们有精神病，要么认为我们是作秀、炒作。

好在我和我爱人俩目标挺一致，心态比较好。我们相信日久见人心，无论别人怎么攻击我们，我们从不解释——不能你说我是精神病，我就上医院去开个证

2015年11月22日，张宝艳在徐州寻亲大会上帮助失踪人员家属收集寻人线索

明，证明我不是精神病。我做下去了，做好了给你看。

笔者：当时想过您能怎么帮他们吗?

张：那时候我就是一直觉得，要是我看到他们的孩子，我肯定能记住，所以我说，要是看到他们的孩子，我肯定会告诉他们。但同时我心里也明白，我看到这些孩子的可能性不大，因为那时我特别晕车，从来不出差，基本就在家门口转。孩子能到我眼前的可能性非常小，我能做的，就是安慰安慰他们。

1992 年“丢子”的那场虚惊，印象特别深——如果找不到孩子的那几个小时我没挺过来，后来孩子找到了，我不也完了吗？所以我寻思要开导这些家长，让他们别想不开。

另外，有很多家长说，不知道还有人贩子。我想，应该有一个渠道，让大家知道人贩子。

20 世纪 90 年代初，大家获取信息主要是报纸杂志。我就觉得应该写小说告诉大家有人贩子拐卖孩子。但当时我在银行上班，比较忙，没时间写。2002 年，我从银行辞职，到一企业当副总，工作没那么忙，就开始写小说。有朋友听说我在写小说，就告诉我，现在没人看小说，都在看电视剧。

我一听，就改写电视剧。但电视剧怎么弄，我不懂。正好有一朋友的哥哥正好在长春拍《警察的故事》，我就去了趟长春。朋友哥哥把他写的剧本给我一份，说，“剧本就是这么个格式”，并告诉我要会制造冲突，隔一段制造一个矛盾，就能够吸引人看下去。回家后，我就按他给的剧本形式开始写。写完后，发到网上。后来还真有人联系我。

在写剧本的过程中，为总结出一个最快捷的找孩子的方式。我又打电话给丢孩子的家长。有的说主要是贴寻人启事；还有的说，他们有一个家长寻子联盟。有一个家长说，他已经按线索看过一两百个孩子也没找到自己的孩子。我当时就生气了：“你也是失踪孩子家长，你都看到一两百个孩子，为啥不帮别人找孩子？”他挺委屈地说：“我不是不愿意帮，我不知道怎么帮，我不知道家长是谁、在哪里、怎么联系。”

我爱人知道后说，这个问题有解：建个网站，把信息放到网上。

我在剧本里，就以我爱人为原型，设计一个在大学里搞计算机的爸爸，发现很多家长都在找孩子，就把大家的信息放到网站上，帮这些孩子找到家。

剧本里的网站叫“太阳城寻子联盟网”。取名太阳城是因为我认为孩子应该是

2018 年 3 月 11 日，全国人大代表张宝艳在审议宪法修正案草案建议表决稿等

家里的一个小太阳，要是孩子丢了，家里小太阳就没了，这个家就没有阳光、温暖和欢笑。

结果这个剧本给毙了。处女作被人认可，本有点小得意，结果被毙了。我们又有点生气，不甘心。

2006 年有一天，我爱人突然说，咱们要是把这个网站搬到现实中，能不能帮到人家？我当时不懂网络，感觉做网站需要很多机器，投入会很大，没想过自己能做。我爱人说，租一个服务器，租一个域名，有个万儿八千的就够了。我一听，万儿八千我们还能承受啊，就说："如果你不反对的话，我愿意试一试。"他就说："那我做，做完后，你管理。"我们合计，网站建成能找到一个孩子也值。

听说我们要做这么个网站，他的同事和几个学生都来帮忙。2007 年 4 月 30 日，网站正式上线了。

在做网站过程中，我要经常给家长打电话，想叫人来登记信息。我那时脸皮比较薄，晚上打电话打不了几个，白天打电话要用单位的电话，不好意思。我就和我爱人商量，干脆先辞职全力以赴把这个网站做好，等这个网站做起来后，我再去找一份工作。

但这个阶段也挺郁闷的，以前给这些家长打电话，交流都挺好，但打电话说我要做一个网站免费帮他们找孩子，好多家长变脸了，说：“骗子！”

刚开始我都受不了。我要帮你，你还要骂人！后来有一个家长说，“你帮我找孩子，你一分钱不要，你图啥？”

“你看我也没跟你要钱啊！”我说。

“你现在没要，将来会要，你这是一步一步地下圈套。”

在 QQ 群和论坛发布信息，别人都觉得我们是狗拿耗子——多管闲事，都招募不到志愿者。

从“找到一个就行”到“一天找到一个”

笔者：这种情况什么时候有转机的？

张：过了十几天，我爱人的学生给我打电话：“师娘，后台有人登记志愿者了。”我一看，是我爱人的几个同事和学生注册的。这不都是安慰我吗？（笑）

但是再怎么不相信，也还是有人加进来。特别是寻子的家长，抱着要钱不给的心态加进来。我也在 QQ 群里认识了几个失踪儿童家长，彼此之间相互安慰支持。这样，慢慢地有些人开始接受我们。

张宝艳和“宝贝回家”的工作人员在一起

现在想来，其实持续的时间也不长。网站4月30日上线。5月下旬就有明显转机。

5月下旬，天涯论坛上一个叫“太阳下的小草花”发了一个帖子：救救这个孩子——她在广州街上发现有老头带一个孩子乞讨，前几天看这个孩子眼睛还好好的，今天看到这孩子眼睛瞎了，还被链子拴着。

如果是自己的孩子，谁会把孩子拴起来？这肯定是拐来的。有了这个判断，我把这个孩子的情况发到自己的网站上，动员大家去找这个孩子。没想到这个帖子在天涯论坛上火了。

也是在这时，我发现论坛里还有一个叫“宝贝回家”的帖子，我现在还记得发帖子的人叫“雅科夫”。我觉得“宝贝回家”特别好，就把我们网站改成“宝贝回家寻子网”了。

与此同时，天涯论坛也辟出一个寻子版块，也叫“宝贝回家”；《南方周末》《南方都市报》都来报道找这个孩子。一下子，好多人来关注并加入宝贝回家网站。

还有一个广西桂林的家长联系我们，说这个孩子是她家的蒋铮。我们跟媒体说了，让媒体也来找这个孩子。后来真的找到了。广西家长去广州，发现不是蒋铮——这是个女孩，剃了男孩头，眼睛也没瞎。这个老头是孩子的父亲。

这件事情后，“宝贝回家”一下子就火了。但这件事也把我们引入一个误区，以为街上流浪乞讨的孩子都是被拐的。我们就号召大家都去大街上扫街，找流浪乞讨的孩子。没想到歪打正着，出现了第一个案例。

6月21日，内蒙古警察学院一批学生加入“宝贝回家”做志愿者。他们按要求上街找流浪乞讨儿童。24日，在呼和浩特一公园，他们发现有个老头带着个孩子在那里乞讨。

看两人年龄，要是父子吧，父亲年龄大了点；要是爷孙吧，爷爷年龄又小了点。他们就上去询问。因为警察学院的学生都穿着警服，这个老头一下子就慌了。志愿者就把他们带到派出所，一查，这个小孩叫张峰，8岁，是这个老头刚从甘肃民勤拐过来的。

这是“宝宝回家”的第一个案例。

很遗憾的是，当时没想到“宝贝回家”能走这么远，连个照片也没有。但这第一个案例，让我们挺激动。我们在QQ群里疯了样狂欢，“碰杯”“拥抱”“敲鼓”，发各种庆贺的表情，庆祝了一天。

紧接着，第二个案例也来了。温州有一个叫云飞的小孩，当时丢了 3 天。她表姐在“宝贝回家”登记之后，我们就动员志愿者“狂轰滥炸”——在温州周边，在所有的论坛里。那个时候“宝贝回家”已经有几千志愿者。没想到 3 个小时后，有人留言，说在温州救助站看到了这个孩子。马上通知表姐，表姐领着家人去救助站，一看，正是小云飞！

“3 个小时找到一个孩子。”“宝贝回家”再次引起大家的关注。

没多久，又接到一个案例，被拐卖 19 年的李圆开找家。说他有个哥哥叫李圆红；他们的村名叫陶家洞，离苗族居住区近；小时候大人要吓唬他们就说“苗子来了”；过年吃甜饺子（找到他家人以后知道甜饺子就是汤圆）。

我和志愿者在网上搜陶家洞，搜完再打电话过去核实，但人家不太搭理我们。我们就看苗族都在哪些省居住，缩小范围再找陶家洞。最后发现贵州省毕节市织金县熊家场乡有个陶家洞村。我打电话到熊家场乡派出所。得到回复是，那里确实有个陶家洞村，村里确实有人叫李圆红。好激动啊，我请他们帮忙联系李圆红。对方说，过两天他们可能去那个地方，到时问一下。

可我们等不及啊，打 114 查到陶家洞村村支书的电话。村书记说：“对对，我们村有个李圆红，他有个弟弟叫李圆开，早年丢了。”问能不能通知李圆红家。村支书说，他们搬到另一个村了，挺远的。山东志愿者“大树”就央求村支书走一趟。当时已是夜里 10 点。我们这些生活在城市里的志愿者都没意识到，毕节是山区，走夜路挺难的。就一直跟这个村支书商量，希望他当晚就去。结果把这个村支书说动了。

李圆红打来电话时，已是夜里 12 点半。他在电话里连着问了 3 个“真的吗”！

从这以后，成功的案例越来越多。2007 年，“宝贝回家”找到 10 个被拐的孩子。

建网站时，我们想要能找到一个就行。等找到一个后，我就想，要是一年能找到一个就好了。愿望达成后，我又想，要是一月能找到一个就好了。再后来，要是一周能找到一个就好了，一天能找到一个就好了。从 2015 年开始，我们一年找到 400 多个被拐的孩子，平均下来一天找到一个多。2019 年一年我们找到 502 个。

他有这份心，你跟他做起来就非常好做，不难做

笔者：今年的疫情对你们影响大吗？

张：大。至少这个排查走访现在做不了，还有不能抽血样。

我们的“宝贝回家万家团圆计划”，2018 年促成了 1150 个家庭团圆；2019 年是 1500 多个；今年如果没疫情，应该超过 1500 个，现在只有 600 多个。

“家寻群”和“寻家群”是我们最主要的工作群，有 4 个群管是湖北的。武汉疫情期间，我们天天跟着他们提心吊胆的。我给他们打电话，说给他们邮寄口罩，他们说邮也收不到。我们就给重灾区的警察邮。

笔者：你们有这么多口罩？

张：我这儿的口罩都是去年一家企业赞助的。我们平时就采血样时用口罩。企业赞助那么多口罩，我当时还担心这些口罩非得放过期，结果就赶上疫情，没想到全用上了。

我一直说，我们挺有福的。那时候口罩多紧张，哪儿都买不到。单位有个同事的媳妇在一个卡点工作，说他们口罩不够用。我说给他们送。但他们说所有卡点的口罩都由医院统一管。我们就给那家医院送了 4000 个口罩。然后在朋友圈晒

“宝贝回家”志愿者协会 2010 年 6 月“关爱儿童我们共同的责任 百城反拐宣传活动”泰安活动现场

被拐32年后，在"宝贝回家"志愿者的护送下，王小宾回到阔别32年的合川老家

了一下，没想到一下子轰动了。

我当时感觉口罩危机几天就会过去，没想到会缺到那种程度。原先我给我们员工每人发300个，后来我让他们一人拿回100个，最后我问还谁有多的再拿回来点（笑）。因为大家都来要口罩，我都不好意思说没有。最后谁来要，我都二三十个地给，我和爱人只留了20个。

笔者：后来你们舒兰出现疫情，你们怎么办？

张：我们挺有福的（笑）。疫情稍微缓解后，好几家企业给我们邮来口罩，整箱整箱的，他们都没给我们打招呼，就邮来了。还有邮寄防护服和护目镜的。

笔者：和企业的合作是你们主动找上去的？

张：都是它们主动找我们。我的体会，做公益这件事，如果他有这份心，你跟他做起来就非常好做，不难做；他要是没有这份公益心，两个人像谈生意那样谈，谈得谁心里都不舒服。

也有企业跟我们谈的时候，说起草一个合同，假如出现什么要走什么法律程序索赔，遇到这种情况，我就不签。

首先，找小孩不是为我个人找；其次，如果真的有什么闪失，他们应该考虑怎么去帮助我们解决，而不是说考虑怎么去追究责任。像有的企业跟我们签了赞助协议，新闻宣传出去了，后来企业有困难不赞助，我没说它是诈捐，我是一心盼着它们早日渡过难关。

笔者：但“宝贝回家”现在有工作人员 20 多个，各种开支的压力也不小啊。

张：在经费上，我基本上是属守株待兔型的。主动来的都是对我们特别尊重的。

这些年跟我们合作的大多是些小企业，没什么大企业，我们的费用都是 10 万元、20 万元凑起来的。

去年，今世缘为我们做了一场义卖，卖了 100 多万元，一下子缓解了我们的资金压力，再加上修正药业资助了 50 万元，去年年底，我们资金就有了结余，我心里挺踏实的。

今年因为疫情，三分之二的企业暂时不能资助，我压力挺大。因为今年我能挺过去，来年我就不知道啊。

今年“两会”期间，一汽董事长知道我的情况后，说一汽支持我们。有他这话，我心里压力小多了。不像往年，我一边工作，一边看着锅里有没有隔夜粮。心里没底，特别发慌。

有一年，我们有 4 个多月账上没钱。我拿自己的钱垫上。那时我们的人没现在多，一个月垫也就是七八万元，垫了 4 个月。但那时，我心里可焦虑呢，不知道能垫到什么时候，不知道这个钱能不能回来。

我需要努力的是，能让更多的人知道，能让更多的人来参与

笔者：对“宝贝回家”这一块，业务会有改变吗?

张：我们的志愿者好多都是热心公益的人，也说“宝贝回家”这么大个品牌，可以做更多的事。

我感觉，把一件事情做好就可以。就像人家说的，把简单的事情做好就不简单，把平凡的事情做好就不平凡。我们专业人做专业事。

刚开始，我们做流浪乞讨儿童的时候，很多乞讨儿童是因病因残乞讨。我们发现后，就联系医院救治，但我们做得一点不专业。像“天使妈妈”，做白血病救助，他们能给医院几十万元兜底，连骨髓移植的费用都列在里面。如果是我们做，可能前期还没到骨髓仓这一步，我们的钱就支撑不下去。现在遇到因病因残的孩子，我

们会转介“天使妈妈”、儿慈会这样的专业机构。我的方向还是做寻人方面的。

我现在需要努力的是，把“宝贝回家”网站做得影响更大、效率更高，能让更多的人知道，能让更多的人来参与。

笔者：您理想中的“影响更大、效率更高”是什么样子的？

张：希望有更多的人关注这个群体，有更多的人能觉醒过来加入这个群体。像李静芝的儿子，他并不知道自己是被拐的。曾有人跟他说过他不是亲生的。他去问养母，养母否认了。但最后，还是有人举报才找到的。

所有被拐卖来或收养的孩子，周围的人并不是不知道。如果大家把知道的孩子举报出来，这个寻亲的过程就容易多了。

在农村和偏远的地方，孩子丢后，家长可能认为孩子出了意外，不在人世了。以前找到的杨桂霜，她家是傣族的。父母一直以为她在江边溺水而死。父母把她丢失的那天当成她的祭日。她喜欢吃方便面和火腿肠，每一年到那一天，她爸爸就会买来一大包方便面和火腿肠撒到江里祭她。

杨桂霜找到后，我们又找到杨桂霜的一个妯娌，这妯娌也是被拐的，而她妯娌是跟同学一起被拐的，不仅如此，杨桂霜还有一个亲人也是被拐的。就是说，一下子找到 4 个被拐的孩子。

还有的家庭，不知道现在网络可以帮他们找孩子。“宝贝回家”上还有很多寻亲的孩子，等着家长来认领。

希望有更多的人来宣传，让大家都知道“宝贝回家”这个寻人的平台和寻人的方法。

没有人说谁家穷谁就不该有孩子，不能享受亲情，不应该有天伦之乐

笔者：有些人认为，很多孩子从偏远的穷地方被拐到沿海发达地区，相当于救了这孩子，您怎么看？

张：我会问他，马云有钱，你就一个儿子，卖给马云家，你不生气、不心疼？没有人说谁家穷谁就不该有孩子，不能享受亲情，不应该有天伦之乐！穷有穷的快乐，再说穷也不是一成不变的啊。

还有一种观点，说买家对孩子挺好，而且人家花那么多钱，再把这家举报了，

杨桂霜 6 岁被拐，是志愿者帮助她结束了 20 多年的分离，脱口而出的“妈妈”诉说出想念的苦楚

对买家是个伤害。他就不想想，他把人家生下来的孩子买走了，这生父母受的伤害多大?！这个拐卖和其他的伤害还不一样，丢孩子的人一辈子都在找，有的到死都闭不上眼啊。

李静芝的妈妈，走的时候 95 岁。90 岁左右，我还上她家去了一次。老太太跟我们学外孙子小时候的样子。

重庆女孩罗长美被卖到福建，父亲受不了打击去世，母亲精神失常。罗长美被找到后，“疯了”30 年的母亲在她回来后“清醒”了。

寻子 15 年的申军良，曾在凌晨 3 点半给我打电话，当时他正站在黄河边上，我不敢挂电话，一直到确认他回到家里。

很多时候找到孩子，不一定是要孩子回到身边，更多的是找到这份亲情后，他就放下了。即使孩子不回去，但做父母知道自己的儿女还活着，长什么样，是不是结婚了，有没有孩子，然后想他们的时候，可以看看照片、打打电话，或者自己可以去看看孩子。至少他这份感情就可以落地了，否则，他这份思念始终在空中飘，他自己的灵魂都没有地方安放。

也有人给我们提供线索，但要求等找到家后，再告诉本人，没找到，就别告诉本人。可是你反过来看，可能采到血才能找到家，你要是不告诉他本人，你怎么采到血样，怎么比对 DNA？好多人迈不出这一步。

我希望媒体多宣传，央视《等着我》存在的意义，在于它把这些被拐孩子家庭的苦难展示出来，去唤醒每一个人心里的良知。

有一个案例，具体是哪家，我记不太清楚。这家孩子是捡来的。养父看了《等着我》之后，跟家里人商量，说这个孩子有可能是被拐或者走失的，家里肯定很痛苦。他们来“宝贝回家”登记，登记之后，我们就帮这孩子把家找到了。

所以希望大家都共同去宣传，不一定哪一下就触动哪个人。我希望“宝贝回家”早点关门，那样说明天下无“拐”了。

要是能有时间闲下来，重写那个剧本，肯定会更精彩

笔者：目前找到的孩子还是少数，见了这么多伤心的事，怎么样去面对这些伤心的事情和环节?

张：我们这种工作会受很多委屈。刚开始没人信，商业网站认为我们坏了他们的生意，网上有各种质疑声乃至恶意中伤。也有志愿者看不过去，建议我去和人家辩、去告人家。可我相信日久见人心。刚开始我说我免费，做 13 年了，到今天我还是免费。

还有的家长，刚开始丢孩子的时候，他们恨人贩子，后来他们恨政府，认为政府和警察不帮他、不作为，后来发现我们跟公安部有合作，开始恨“宝贝回家”。还有的人在群里骂警察。我都不允许。为什么？因为我的群里有很多警察在义务帮他们找孩子。人家帮你找孩子，你还骂人家，这算什么？！我不让骂，他们就认为我是警察的维稳机器。

志愿者间也会有认知分歧。有一个孩子回家后，有媒体跟进采访，采访时需要补拍一个场景，这个跟进的志愿者不乐意了，说是造假。我说补拍是个情景再现，没有错。这志愿者不干了，退群，然后在网上四处发文说“宝贝回家”做假。从那以后，我就要求把“宝贝回家”的每一个案例，谁登的、谁跟进的，怎么突破的，最后 DNA 结果是什么，怎么认亲的，包括照片，我们都整理留下来。

有那么一两次，我气得说，大不了我不干了。我刚说完，有的家长就说：“大姐，您不能关了‘宝贝回家’，您要是关了，我们这些还没找到孩子的人怎么办？”也有志愿者说，这网站您要是关了是不负责任，这个网站现在是您自己的吗？我

们也付出了很多。

我想想也是这么回事，这个网站虽然是我搭建的，但是这些志愿者共同努力维护才发展到今天的。再说，那样的家长和志愿者也是少数。

从那以后，我再也没说过不干的话。受了委屈，我们几个核心的志愿者之间，说一说，吐吐槽，就过去了。

笔者：现在回头看，您当时写剧本防拐、帮人找孩子的那些想法和目的，都达到了吗？

张：那个时候我对我的寻子联盟就是希望能有更多的爱心人士加入进来，共同做这件事。没想到能有政府的介入，有国家政策的支持，有 DNA、人脸识别等高科技手段。我们后来做的，远远超出我在剧本里想象和预期的。

我现在总想，要是能稍微有一点时间闲下来，重写那个剧本，肯定会更精彩。

笔者：您觉得您的公益和现在社会上的公益差别大吗？

张：我感觉公益心是一样的。大家的公益心和公益方向是一样的，目的都是希望这个社会变得更好，希望社会的短板能得到解决，只是大家关注的方面不一样。如有更多的不同，就是有一些公益，像我们这样的，属于雪中送炭，有一些公益可能属于锦上添花。大多是殊途同归。

两个妹妹从小被转卖，失散 73 年后姐妹团聚，只是三妹还没有下落

每个人都应该有做公益的机会

笔者：有一种观念，马云去做一个公益项目，大家不会怀疑他的初心，而我去做，大家会觉得我有私心，因为马云有钱，他不会为了挣钱而去做公益。您怎么看？

张：刚开始，“宝贝回家”有些活动也会捐钱，但时间长了，发现不是每人都具备这种能力。像我们有一个志愿者大哥，他生活很困难，但他对比能力特厉害，能帮忙找出很多个孩子。如果每次出去活动，大家都AA出钱，对他来说，就有难度。所以后来我尽量不做募捐项目。平时做一般的活动，如果要AA吃饭，我也告诉大家，要控制好标准。

每个人都应该有做公益的机会。我们有好多志愿者，我都不知道他们是做什么工作的。英雄不问出处。可能正因为大家在这里没有社会地位和有钱无钱之别，我们团队里彼此之间更平等，更能激励出大家心底的善意和积极性。

虽然名人发起的项目可能更容易得到大家的认可，但是普通人也可以去做啊。现在有慈善法，包括民政在内的部门对公益机构的监管也都比较严格和规范，只要严格按要求做，该公开的信息都公开，应该没有问题。

笔者：“宝贝回家”更多的是凝聚和传承了中国人传统的那种善，与现代社会的公益，在操作上还是有区别吧？

张宝艳在全国两会上答记者问

张： 我刚开始做“宝贝回家”时，心里没有公益这个概念，我那时候认为是做好事儿。我设计网站时，就是把这些寻子家长会集到一起，你帮我、我帮你。等到社会上一些好心人加入，我把他们叫爱心人士。后来看其他网站招募时写招募志愿者，我才意识到，这些爱心人士应该叫志愿者。

等后来我建了志愿者群，一些在当地有助学、助医经验的志愿者在群里聊的时候，一些公益的理念才慢慢地进入我的脑子。然后我也开始关注公益，开始去学习。

所以我也希望，学校能增加一些公益教育的课，让孩子从小有扶贫济弱、关爱困难群体、解决社会问题的理念和意识。

后记 拾海星的人

见张宝艳之前，笔者先去了“宝贝回家”在北京的办事处，网站后台的管理系统里，有3000多个成功案例的全过程记录，每一个案例背后都是许多个志愿者的默默付出，都有一段令人心酸、心碎的过往。这让人想起，微信语音那头，张宝艳节制的哽咽和短暂的沉默。

“你没见过大姐和大姐夫吧？他们特别平易近人。每一次寻亲现场，如果大姐和大姐夫去了，第一个哭的、哭得最狠的肯定是他们，尤其是大姐夫。每次我们都要提前给他准备好纸巾。”志愿者可可说。

为了大家的安全，“宝贝回家”志愿者使用“代号”，彼此之间不能询问个人信息，外出走访必须3人以上同行；出差参加活动从不提前透露行踪，只有在离开某地之后才发朋友圈。

寻找丢失的孩子是个复杂、艰难的过程。被拐儿童的年龄、失踪时间、身体特征、家人姓名、相关照片、视频等信息都至关重要，这些都有助于缩小寻找范围、确定寻找区域。此外，“宝贝回家”还运用到了人脸识别系统、催眠恢复记忆、DNA鉴定等先进技术。

“成为‘宝贝回家’的志愿者难吗？”笔者问。

“不难。你只要加入‘宝贝回家’接待QQ群1840533，就有人指导你怎么做。”2010年加入志愿者队伍的可可说，她如今是“宝贝回家”北京工作站的负责人。

“网站需要人24小时值班，这会影响你们的生活吗？”

“不会，我们都会提前排好班。再说，‘宝贝回家’主张做公益时量力而行，要先对自己的亲人负责，不影响正常生活去付出。”

“看了这么多的悲剧，有没有感到绝望和想停下来的时候？”笔者问。

“没有。您听说过拾海星的故事吗？”一旁的志愿者依依问。

海滩上，一个小男孩在沙滩上拾起一些东西，用力地抛到海里。老人走过去问小男孩：你在做什么呢？小男孩说：我把这些海星抛回海里。他们被潮水冲上岸来，如果不及时回海里，就会因缺氧而死。老人说，海滩上有数不尽的海星，你不可能把他们都丢回海里啊！小男孩笑了，弯腰拾起一只海星，用力抛回海里说：看，这只海星得救了。

“大姐说了，哪怕找到一个，都是值得的。我的理解，大姐和‘宝贝回家’就是拾海星的人。”依依说。

“宝贝回家”小史

2007 年 4 月 30 日，全国第一家公益寻人网站“宝贝回家寻子网”创立，专门帮助被拐卖、被遗弃、走失的、流浪乞讨儿童回家，引领了我国“互联网打拐”新模式。

2009 年，张宝艳提出的“建立打击拐卖儿童 DNA 数据库”和修改失踪儿童 24 小时才能立案的规定，被公安部采纳。

2013 年，“宝贝回家”多次与公安部合作，成功解救了 236 名被拐及流浪儿童，借助网络的力量为流浪儿童铺就了一条回家的道路。

2014 年，民政部流浪救助网和央视大型公益寻人节目《等着我》分别与“宝贝回家”合作。

2015 年，“宝贝回家”将人脸识别技术成功应用到寻亲领域。

2018 年，“宝贝回家万家团圆计划”启动，在今后的 10 年里，每年帮助 1000 个家庭团圆。该计划已实施第一年，促成了 1150 个破碎家庭团圆。

2019 年，“宝贝回家万家团圆计划”促成了 1500 个破碎家庭团圆；全国人大代表张宝艳建议拐卖妇女儿童罪的起刑点调至十年以上。

2020 年，全国人大代表张宝艳建议对人贩子终身追责，建议收买被拐妇女儿童新发案件纳入地方政府绩效考核目标之中。

特别视点

在一切道德品质中，善良的本性是世界上最需要的。

——［英国］伯特兰·罗素

2020年“两会”慈善公益之声

《善行天下》编辑部

引言

2020年是我们决胜全面建成小康社会、决战脱贫攻坚之年。因为新冠肺炎疫情影响，全国“两会”改在5月21—28日召开。

在这个时间特殊、疫情特殊、会议形式和聚焦的内容也发生了新变化的背景下，关于慈善公益，“两会”有哪些亮眼的内容？本书编辑部特综合中国慈善联合会和南都公益基金会官网内容，整理如下慈善公益之声，供读者参考（以下排名不分先后）。

行业倡导

宫蒲光：以抗疫精神推动慈善事业向纵深发展

（第十三届全国人大社会建设委员会副主任委员、中华慈善总会会长）

宫蒲光提交“关于进一步加大对慈善事业发展支持力度”的提案，主要从以下五个维度展开。

第一，要提高全社会对慈善事业的重视程度。

通过这次疫情的检验，反映出在重大突发公共事件应急体系中，对慈善力量的地位和作用还存在重视不够；在组织协调、统筹发挥慈善力量方面还存在短板。疫情初期个别慈善机构显得力量不足、物资发放不及时，个别地方红十字会物资分配不合理、捐赠信息不透明等现象正是这一问题的反映。因此，我们要深入领会并贯彻落实党的十九届四中全会精神，统一认识，转变观念，从社会第三次分配的高度，将慈善事业纳入国家治理体系和治理能力现代化的大格局，统筹谋划，加强顶层设计，不断强化全社会的慈善意识，营造良好的慈善氛围。在具体工作中要进一步改进对慈善行业的监管理念和方式，将鼓励支持、协调促进慈善事业发展作为监管工作的基本理念与出发点，在此基础之上再强调依法规范、从严管理。监管方式要坚持严管和厚爱相结合，不断增强监管工作的统筹协调和科学安排。

慈善事业是一项以爱心为基础的全民事业，因此，有必要对国家褒奖慈善事业的规格予以提高。比如建立国家定期召开“中华慈善大会”制度，将“中华慈善奖”由部门表彰奖励提升为国家奖项，以增强慈善捐献者的荣誉感。

第二，要进一步加大慈善事业法治化的力度。

《中华人民共和国慈善法》（以下简称《慈善法》）出台4年来，我国慈善事业法治化逐步进入新阶段，但依法行善、依法促善、依法治善，全面推进慈善法治建设依然任重道远。目前存在的突出问题，一是全面贯彻落实《慈善法》的要求还有差距；二是慈善组织在国家重大公共事件中的法律地位还不甚明确，如现行《中华人民共和国突发事件应对法》中就未列入“社会组织”概念，更没有对“慈善组织”的规定；三是慈善监管和优惠政策制定的体制还有待理顺；四是与《慈善法》相配套的政策法规体系建设还有待完善；五是落实《慈善法》规定的慈善事业信息公开方面的要求尚缺乏信息化、大数据等现代信息技术的支持等，都是需要进一步完善之处。

第三，要进一步加大对慈善事业发展的政策激励力度。

我国慈善事业起步虽晚，但发展势头强劲，正是得益于党和国家的高度重视和一系列慈善促进政策。今后的加快发展，依然有赖于国家的促进措施和政策激励力度的加大，比如税收政策向慈善事业倾斜，增加对慈善捐赠者和慈善组织参与突发事件应对的保障激励和财政资金支持等。

第四，要进一步加大对志愿服务的制度性激励力度。

志愿服务是慈善事业的重要组成部分，是推动社会治理创新和促进社会文明和谐的重要生力军。但就常态下的志愿服务而言，却存在缺少国家层面的表彰奖励、政策刚性和激励力度不足、对志愿服务的经费投入不足等突出问题。因此，国家应着手建立以精神奖励和社会优待为主，适度物质回馈为辅的志愿服务激励制度，充分发挥志愿服务在社会治理和社会进步中的巨大正能量，提高志愿者的荣誉感和获得感，促进志愿服务事业加快发展，蒸蒸日上。

第五，要进一步弘扬慈善文化，营造慈善事业发展良好社会氛围。

建议将“慈善”概念列入社会主义核心价值观范畴，以推动慈善文化成为中华民族优秀传统文化与现代文明紧密结合的全民共识和行为自觉；大力推进慈善文化体系建设，积极支持在高等院校开设慈善理论与文化专业，深化慈善理论研究，培养高层次慈善人才；国家有关部门应协调相关高校、科研机构、慈善组织、慈善企业与慈善家，充分发挥专家学者和慈善工作者的作用，深入开展慈善理论及政策研究；大力促进全社会关心慈善、支持慈善、参与慈善的文化氛围，充分利用“中华慈善日”“中华慈善奖”“慈展会”等载体，宣传慈善文化、弘扬志愿服务精神。积极推进慈善文化进学校、进机关、进企业、进社区活动，努力营造全民慈善氛围；要用党中央关于发展慈善事业的精神引导社会舆论，宣传部门充分发挥主流媒体在舆论中的主导作用，大力宣传慈善事业发展的正面典型和积极贡献。

（来源：《慈善公益报》）

郑功成：应理性看待慈善事业

（全国人大常委会委员、民盟中央副主席、中国社会保障学会会长、中国慈善联合会副会长）

新冠肺炎疫情暴发后，以爱心捐献与志愿服务为主要表现形态的社会慈善被空前激发，短期内即募集到400多亿元善款善物，成千上万的志愿者奋斗在抗疫一线或提供后方及线上服务，是国家建设和应对重大灾难的一支不可替代的重要力量。同时，我也注意到公众对当前慈善领域的一些质疑。应当说，我们不能因为质疑而否定红十字会、慈善会系统等的贡献，但其工作中存在的不足确实反映了慈善活动中信息披露、应急机制建设和接受社会监督的必要性、重要性。

在当前的情形下，特别需要理性地看待慈善事业。慈善业界应当抓住这次抗击疫情的契机，在继续充分调动社会各界参与积极性的同时，努力做到以下四点：一是必须将公信力视为自己的生命，在信息披露与行动效力上下真功夫。二是必须建立健全的慈善协作机制，在信息共享、资源协调上下真功夫。三是必须强化枢纽型慈善组织的责任与能力，同时培育民间慈善组织。四是必须在慈善事业发展中注入理性，让慈善事业在健康发展轨道上持续发展。

（来源：《团结报》）

李晓林：放宽境外捐赠“受赠人”资质范围

（全国人大代表、中国慈善联合会副会长、中华思源工程扶贫基金会副理事长兼秘书长）

李晓林建议修订《慈善捐赠物资免征进口税收暂行办法》中关于受赠人资质

范围等规定，以调动境外筹集款物积极性。

疫情暴发之初，我国慈善组织等社会各界，在海外华人华侨和国际友人的鼎力支持下，从境外筹集并捐赠疫情防控急需的医用物资。但在实际操作中，很多慈善组织也遇到了一系列问题，包括不在受赠人范围内、物资不属于免征进口税范围、协调对接方较多等，一定程度上降低了抗击疫情工作效率，也影响了境外爱心人士慈善捐赠的积极性。

《慈善捐赠物资免征进口税收暂行办法》第五条规定："本办法所称受赠人是指：（一）国务院有关部门和各省、自治区、直辖市人民政府；（二）中国红十字会总会、中华全国妇女联合会、中国残疾人联合会、中华慈善总会、中国初级卫生保健基金会、中国宋庆龄基金会和中国癌症基金会；（三）经民政部或省级民政部门登记注册且被评定为5A级的以人道救助和发展慈善事业为宗旨的社会团体或基金会。"

根据民政部社会组织管理局公布的数据显示，现有5A等级的基金会仅10余家。而在本次新冠肺炎疫情防控阻击战以及我国脱贫攻坚、救灾赈灾等工作中发挥重要作用的全国性公募基金会，例如中国扶贫基金会、中华思源工程扶贫基金会、中国社会福利基金会、中国人口福利基金会、中国光彩事业基金会、中国儿童发展基金会等，均未在境外慈善捐赠物资的受赠人范围内。

此次境外抗疫物资捐赠通道不顺畅的情况实际上反映出现有的《慈善捐赠物资免征进口税收暂行办法》相关规定，已不适应我国重大公共卫生事件、救灾赈灾及脱贫攻坚、公益慈善事业的发展需要，不利于社会组织发挥优势从海外筹集符合法律法规和群众需求的款物。

（来源：《新京报》）

孔涛：加强公共事件应急志愿服务队伍和机制建设

（全国人大代表、共青团安徽省委书记）

孔涛指出，当下不少职能部门和基层单位没有建立常态化应急志愿者队伍，建议应进一步建立长效化、专业化的公共事件应急救援志愿服务组织和行之有效的机制、指南、预案，科学应对重大突发事件。

他建议，相关职能部门应明确志愿服务组织和志愿者的权利和义务，并在完善已有应急志愿者政策、法规体系基础上，出台相应政策和文件，对应急志愿服务中存在的责任关系、角色定位、服务手段、保障措施等进行明确解释说明，引导专业社会力量快速有序参与到重大危机事件应急志愿服务中。

他建议，政府部门应该主导建设专业的志愿服务供需信息平台，建立完善的应急志愿者准入制度，畅通志愿服务诉求的沟通渠道，引导志愿服务组织优化招募、培训、流程，建立应急服务志愿者数据库。

要推动社区与高校、企业等开展合作共建，积极联络社区内外专业团队、社会组织，形成协调联动志愿服务机制。

他同时呼吁，要加强应急志愿者队伍的评估机制建设，科学、多维评估志愿服务效果，定期开展项目评估和服务资质审核，及时发现问题、总结提高。

（来源：《中国青年报》）

李燕：培育和壮大专业的急救公益志愿队伍

（全国人大代表、齐鲁制药集团总裁）

我国为世界上发生心源性猝死最多的国家。当心脏猝死发生时，抢救的黄金时间仅有 4 分钟，对此，驻鲁全国人大代表、齐鲁制药集团总裁李燕建议加大心肺复苏急救知识的全民培训和普及，同时培育和壮大专业的急救公益志愿队伍，提高上述人员在人群中的分布率，保证人们在需要急救时能够更容易得到专业救助，为医疗急救赢得时间。

设备层面，李燕提出，各级政府应高度重视并安排专项资金用于提高我国各大城市的 AED（自动体外除颤器）配置普及率，尤其在地铁、火车站等人群密集的场所，并借鉴消防设施的配置方式优先配置 AED 设备并设立明确的标识，以便随时取用。

（来源：《山东商报》）

徐涛：志愿服务岗前培训针对性越强效果越好

（全国人大代表、新疆维吾尔自治区呼图壁县雷锋车队队长）

“活跃在各个领域的志愿者都在用自己的方式投入战‘疫’，登记信息、监测体温、维护秩序，用实际行动诠释着‘奉献、友爱、互助、进步’的志愿服务精神，让我深受感动。”徐涛说，“就拿呼图壁县雷锋车队来说，我们刚把招募志愿者驾驶员的消息发出去，就有近 60 名出租车驾驶员踊跃报名。”

疫情防控期间的志愿服务需要具备一定的专业知识。徐涛在上岗前接受了培训，所学的知识具体到多久更换一次口罩、多长时间洗一次手、监测体温时要保持多远的距离等，都在后来的志愿服务中派上了用场。“岗前培训具有很强的针对性，可以使志愿服务收到更好的效果，这种做法应形成长效机制。”徐涛说。

“有必要把疫情防控中志愿服务呈现出的新特点总结出来，并进一步提出改进完善的建议，带到今年的全国人代会上。”徐涛表示。

（来源：人民网）

高子程：建议细化捐赠款物使用公开标准

（全国人大代表、北京市中创律师事务所律师）

这次疫情反映出我国慈善捐赠法律法规还不完善，慈善捐赠信息公开、监督管理等机制还不健全，慈善事业治理体系治理能力亟待提振。

慈善法对于以法促善、依法行善发挥了重要作用。然而，有些规定过于宏观，比如对募得款物使用情况的公开标准不明确，慈善行业规范指引和公众参与的有效监督机制不够健全。慈善组织的年度管理费用不得超过当年总支出百分之十的限制，不利于慈善机构吸引优秀人才。募捐平台必须是民政部门建立或者指定的平台以及公募慈善组织的网站，在一定程度上影响了慈善募捐效率。高子程建议，应出台与慈善法相配套的行政法规，细化捐赠款物使用公开标准，接受公众监督。同时建立慈善大数据监管平台，确保对慈善款项支出明细、定向捐赠物资流向、慈善物资质量保障等进行更加全面有效的监管。

建议将宗教组织、公益基金以及明星、企业家的个人慈善活动，统一纳入大监管体系，由捐赠人、社会公众、监管部门对慈善机构的慈善信息公示、捐赠款物使用等进行考核，将考核结果与慈善组织的资质和绩效挂钩，以激励慈善效能。

建议出台慈善行业规范指引，引导慈善组织健全标准化、系统化的运行机制，提高捐赠款物的流转效率。放宽对慈善组织管理成本的限制，以便慈善组织吸引高端人才，提高管理水平和应急能力。降低慈善准入门槛，激励社会资源助力慈善事业，服务国家大局。

（来源：澎湃新闻）

车捷：建议尽快明确大病筹款监管主体，完善相关立法

（全国人大代表、江苏省律师协会副会长）

车捷带来了关于完善个人大病网络求助的立法建议。他提出，应明确监管主体及权责、平台准入、相关主体的权利与义务。

车捷表示，慈善法及《公开募捐平台服务管理办法》《北京市促进慈善事业若干规定》等相关法律、法规、规章均将个人大病网络筹款排除在调整范围之外。个人大病求助以及平台监管目前只能由传统的刑法、合同法等一般法调整，对于筹款活动中各个主体的权利义务、责任范围、救济方式、行业监管等，缺少特别法的直接依据。个人大病捐助仍缺少明确的监管部门。

针对上述问题，车捷建议在立法层面明确个人大病网络求助的监管主体及权责，对于水滴筹等个人大病筹款互联网服务平台，明确具体的监管内容及权限。

在立法路径选择上，车捷表示，可以在《公开募捐平台服务管理办法》第十条的基础上，由民政部作出较为细化的规定，明确民政部门的监管主体地位、监管方式、各方的主要权利义务等。该办法不宜细化的内容，可辅以国标加以规范。

在监管方式上，车捷建议，明确个人大病网络求助平台准入要求。对平台实行准入制管理，对合格的平台颁发证书并加以公示，并及时关注平台的运营风险点。一旦因平台违反法定义务，除了相应的民事责任之外，还完善行业监管上的行政责任，如通报批评、罚款、吊销证书等惩罚措施实现行业的健康发展和优胜劣汰。

此外，车捷还建议，明确个人大病网络求助相关主体的权利与义务。对于求助者，应担负求助信息公开、保证求助信息真实以及遵守约定用途等义务，接受平台、赠予人的适当监管，并承担违反求助承诺的赔偿、返还义务。

同时，需要考虑赠予人的行为能否视同慈善行为，同等或参照享受税收等政策优惠，实现个人捐赠行为与慈善行为的良性互补。

（来源：央广网）

周洪宇：打造国家级公益志愿服务平台

（全国人大代表、华中师范大学教授、长江教育研究院院长）

如何在常态化疫情防控中为抗疫志愿服务提供发展平台，是周洪宇认为当前亟须思考的问题。

在全国疫情最为严重的那段时间，周洪宇就注意到志愿服务平台建设问题。“志愿服务未形成知名品牌和突出的社会效益，缺乏合适的志愿服务平台，志愿服务力量碎片化且非常态化现象突出。”他认为，志愿服务需要从数量型向质量型转型，志愿服务的可持续发展，关键在于找到合适的志愿服务平台，并将其制度化。志愿服务避免走形式、“一阵风”，关键是建立长效机制，“通过完善组织管理、建设志愿服务平台，整合志愿服务力量，是常态化疫情防控下志愿服务制度化、规范化、品牌化的有效路径，是社会治理创新的重要支撑”。

他建议，打造国家级公益志愿服务平台。在平台下给予志愿服务者切实的支持，让志愿者有成就感、老百姓有获得感。

此外，要建立社区与志愿者组织的联络沟通服务机制，加强志愿组织、志愿服务、抗疫志愿精神的宣传和研究。

（来源：《中国社会报》）

邱光和：提高慈善组织透明度，强化慈善事业公信力

（全国人大代表、森马集团有限公司董事长）

邱光和认为，目前我国慈善组织整体透明度不高的原因主要有以下几处。

信息公开的相关法律法规不甚完善，比如缺乏更细化的专业性规则，同时个人求助项目信息公示无法可依。监管体系监管效率低。慈善组织的监管主要依靠行政监督、自我监督和社会监督。

邱光和建议，首先要完善慈善信息公开的专业性规则。一方面，缩短信息公开的规定时间，增加慈善项目实施过程中的信息公开频率，制定更加严格的慈善组织信息公开制度，同时对于突发性慈善项目的信息公开，要制定详尽有效的规则和机制；另一方面，建议由民政部牵头，引领行业相关权威组织，对慈善组织展开个案募捐的行为，给出官方法律解释和指导意见，明确制定合规手册。

其次，要健全慈善组织监管体系。通过建立独立第三方评审机制，按照收入数额高低划分慈善组织，进行差异化评审，鼓励社会公众和媒体监督；通过积极推动慈善行业协会的形成与发展，鼓励行业协会制定相应的行业标准，通过同业间的监督与竞争，形成行业自律机制；通过加强对慈善组织的指导和监督，对不达要求的慈善组织要依法处罚，并向社会公示处罚结果。

同时，要构建公益慈善生态系统。一是利用互联网、区块链等信息技术构建公益慈善管控中台系统，确保每笔善款善物的捐赠全流程可追溯和可监管；二是强化人才队伍建设。要建立慈善从业人士的专项的薪酬机制和发展机制，引入有国际慈善事业运营背景的高端人才。此外，要建立有公信力的荣誉系统，对于坚持慈善行为的人给予相应激励和荣誉，以标杆、典型的力量激发全民慈善的热情。

（来源：澎湃新闻）

李萌娇：从立法层面规范保护社会力量参与应急救援

（全国政协委员、辽宁省本溪市人大常委会副主任）

李萌娇指出，我国民间应急救援立法现状及不足主要表现如下：

一是我国目前关于社会力量参与救援的法律规定比较分散，且原则性规定多，可操作性不强。

二是对社会力量参与应急救援的主体地位缺乏相应具体规定和法律规范保障。

三是社会应急救援组织普遍面临救援资金短缺难题。类似于蓝天救援队、绿野救援队等民间救援组织，都没有启动资金和办公经费来源，救援组织中的成员亦没有任何报酬和补贴。四是社会救援组织的队员保险难求。至今国内尚无针对社会应急救援组织及成员的特殊保险。

为此，李萌娇从四个方面提出社会力量参与应急救援的立法完善建议：

一是完善政策法规，明确社会力量参与应急救援的法律主体地位。建议从国家层面尽快出台社会力量参与应急救援的相关法规和指导意见。明确民间救援的合法身份，明确志愿者应急救援队伍的性质、地位宗旨、组织形式、管理体制、经费来源、人员保障、权利义务以及救援的合法性问题等各项实际问题，建立完善资金保障机制和监督管理体系，引导规范社会救援力量的进一步健康发展。

二是将社会救援力量纳入政府应急救援体系。建议将社会救援力量纳入国家及地方政府防灾减灾救灾体系，建立社会力量参与防灾减灾救灾工作的协调机构，统筹统一管理社会力量参与防灾减灾救灾工作，对国家和社会救援力量采用统一考核标准。

三是健全社会救援力量参与救援的相关制度。建立社会力量参与救灾评估制度体系，制定社会力量参与救灾、救援工作的标准，社会力量参与救援与政府部门信息共享、沟通和协作机制，以及对社会力量救援组织训练演练、税费减免、费用补偿、表彰奖励等方面作出系统性规定，进一步加强对各类参与救灾社会力量的引导，形成政府与社会力量协同防灾减灾救灾的强大合力。

四是设立社会救援力量保险险种。借鉴国外的经验，专门设立定向公益基金，为救援队员制订特别保障计划；同时针对社会救援组织情况，出台政策性保险，或者由商业保险承保，政府给予保费补贴等。

（来源：民主与法制网）

巩富文：建议制定专门的公益诉讼法

（全国政协委员、陕西省高级法院副院长）

巩富文说，目前与公益诉讼相关的法律条文散见于民事诉讼法、行政诉讼法、环境保护法、海洋环境保护法、消费者权益保护法、英雄烈士保护法以及最高法、最高检出台的司法解释等法律法规中。2018 年 3 月，最高法、最高检联合发布《关于检察公益诉讼案件适用法律若干问题的解释》，对案件类型、办案程序等作出了更加具体、更具操作性的规定。

“这些法律的修订和出台为公益诉讼打下了立法基础，但也导致‘法出多门’，呈现碎片化、不系统、不全面、不充分的状况。”巩富文说，目前在诉讼主体、案件范围、审理程序等方面存在不尽相同的情况，不利于法律的集中统一实施，与党中央提出的“用最严格的制度、最严密的法治保护生态环境”要求还有较大差距，急需进行整合，制定专门的公益诉讼法。

（来源：《检察日报》）

民革中央：动员社会力量，倡导践行文明生活方式和健康公共卫生习惯

广泛动员社会各界，激发市场活力，在规范合作的基础上，鼓励、引导、支持各类公益慈善组织、行业学（协）会、社会团体、商业保险机构、企业等，积极参与全民公共卫生文明行为倡导行动。提升“社区”作为公共健康基本单元的服务能力，因势利导志愿者高涨的防疫热情和迫切的参与意愿，推动社区志愿服务的科学化、专业化、制度化。针对民众文明生活方式和公共卫生习惯方面的需求，开发和推广类似“蚂蚁森林”的支持工具，利用大数据、云计算、智能硬件、手机 App 等信息技术，帮助群众体验健康文明的生活方式和公共卫生习惯带来的益处和乐趣，提升相关产品和服务带来的获得感、乐趣感。

（澎湃新闻）

吴晶：重塑慈善公信力需补齐3个短板

（全国政协委员、浙江省政协副主席）

一是补齐运作能力短板。要健全慈善资源协调机制，让公信力强的慈善组织发挥核心、枢纽作用，充分对接优秀公益慈善团队。

二是补齐慈善制度短板。要完善与慈善法配套的规章制度，理顺政府与慈善组织的关系，为慈善组织生存发展提供必要的制度保障，完善监督管理制度，实现激励与约束并举。成立由专家、捐赠者代表等组成的突发事件第三方监督委员会，引入专业审计机构，实时监督决策过程和物资流向。

三是补齐信息公开短板。要发挥好“互联网+”的作用，建好用好信息平台，在捐赠方与需求方之间搭建一条透明、真实、高效的信息互通桥梁。

（来源：新华网）

蒋胜男：慈善组织要打造适应互联网时代的发展方式

（全国人大代表、温州大学人文学院研究员）

蒋胜男代表指出，慈善组织要打造适应互联网时代的发展方式，必须做到三个“转向”。一是从封闭转向合作。慈善组织应该和具有社会责任感的互联网企业合作，提升慈善活动的受关注度，并实时公开捐款数据，跟踪善款去向及用途，运用区块链技术，将对物资的需求、供给、运输等环节信息进行审核，在技术层面实现公益慈善项目物资资金公开透明、可溯源、不可篡改。二是从定期公开转向动态公开。传统信息公开方式频次较低，不能及时有效回应公众质疑，慈善组织应加强声誉管理，及时响应利益相关者的评价，将信息披露和舆情管理有机结合起来。三是从注重结果公开转向强调过程透明。对于社会关注度高的慈善项目，公众不仅想了解项目运行结果，也关心善款募集、发放、运用等各个环节的情况，这些都与受益人切身利益密切相关，对于过程的披露更能彰显慈善理念，更能有效回应社会关切。

（来源：新华网）

杨莉珊：公募资格采用备案制替代许可制，加大扶持民间慈善机构发展

（全国政协委员、北京市政协常委）

我国民间慈善机构虽起步较晚但作用日趋凸显，扶持民间慈善机构发展应作为一项长期战略。基于此，杨莉珊建议，一是公募资格采用备案制替代许可制，即民间慈善机构、慈善项目在满足备案条件并完成备案后即可开展公募活动。同时辅以严格的“公示、追责”机制协助，实时监督善款筹集及使用情况，对于违反备案相关规定的，民政部门可有权撤销此次募捐活动，并根据“近似原则”将所筹集的资金用于类似公益目的。

另外也可以加强国内慈善机构与国际慈善机构的合作，如在开展慈善募捐活动时，树立市场观念，拓宽募集渠道；继续细化慈善机构专职能力，鼓励募用分离；开展慈善工作职业资格制，注重行业人才培训等。逐步让我国慈善事业走上专业、健康的可持续发展道路。

在鼓励民间慈善行为方面，杨莉珊建议个人、企业捐赠税收优惠更加普惠便民，加快推动票据电子化进程，帮助捐赠个人易获得票据进行税前抵扣；对于个人大额捐赠当年抵扣不完的部分，建议能像企业捐赠一样结转三年继续抵扣。

此外，建议完善国家对民间慈善行为的嘉奖激励，设立如“荣誉市民”等嘉奖项目，或定期举行行业颁奖典礼，从而树立良好的社会导向；对于参与慈善项目的工作人员、志愿者，其工作内容除了可量化的实际行动外，更多还包括无法量化的心灵关怀与精神付出，建议在对捐赠组织、捐赠者进行嘉奖的同时，还应关注到向执行者进行嘉奖，勉励每一份善意。

（来源：《北京商报》）

欧宗荣：建议提高社区工作者薪酬待遇

（全国政协委员、正荣集团董事局主席）

在这场全民抗疫斗争中，基层社区作为防控的第一线，发挥了关键作用，但也折射出不少短板亟待提升，应建设高素质社区工作者队伍，提高社区工作者薪酬待遇。“要着力构建以社区自身为主体、以智慧科技为支撑、各方力量共同参与的共治共享社区治理新格局，推进基层社区治理体系和治理能力现代化。”欧宗荣在提案中表示。欧宗荣建议，加快引育人才，建设高素质社区工作者队伍。社区专职工作者队伍是社区治理的关键力量，要更加关心关爱基层社区工作者，在待遇和负担上做好“加减法”。要在待遇上做加法，加大财政投入力度，建立等级绩效薪酬制度，提高薪酬待遇；拓展职业发展通道，推动社区专职工作者职业化、专业化发展；加大公开选聘力度，吸引更多优秀人才，包括应届毕业生进入社区工作者队伍；鼓励引导企事业单位退休人员、社会知名人士以及社区专职工作者经过民主选举担任社区居民委员会成员。

（来源：新华网）

杨俊：建立广泛适用的志愿服务激励机制

（全国人大代表、湖北省戏曲艺术剧院院长）

过去几个月，身处新冠肺炎疫情严重的武汉，杨俊看到了无数志愿者投身防疫一线，也无数次被感动。她本人也戴上了口罩，担任社区志愿者，直接参与到疫情防控工作中。

杨俊提出，要加快构建以社区（村）为主体的基层志愿服务组织体系，倡导党员带头参加居住社区（村）志愿者组织，建立政府主导、各方协同的志愿服务机制，倡导以无偿服务为主、有偿服务为辅的志愿服务策略，建立广泛适用的志愿服务激励机制，明确界定志愿者和义工的范畴。

“应以精神激励为主、物质激励为辅，可以在升学、就业、晋升、入党、贷款、抵税等方面，对志愿者有一定的倾斜。”杨俊特别提到志愿服务激励机制，她认为，不能漠视志愿者的付出，不能总是让志愿者凭着一腔热血无偿奉献。

杨俊还建议，要在充分认识和进一步明确国有文艺院团公益属性定位的基础上，加快建立与社会效益放在首位相适应的国有文艺院团保障体系，包括弥补经费缺口、加大政府购买力量、健全捐资激励制度等。

（来源：新华网）

扶贫攻坚

多位全国人大代表呼吁：加快国家层面扶贫开发立法

《中共中央 国务院关于打赢脱贫攻坚战的决定》明确提出，要“完善扶贫开发法律法规，抓紧制定扶贫开发条例”。但目前，国家层面的扶贫法律法规仍是空白。

河南省扶贫开发办公室主任史秉锐认为，从实践中看，扶贫开发工作的难点和重点在于扶贫资源配置、扶贫对象识别、各级政府和行业部门职责落实、扶贫项目资金管理等，这些问题单纯依赖政策或行政手段往往难以有效解决。通过立法可以明确扶贫开发工作的对象、标准、原则、责任、投入来源和政策措施，加强监督和检查，以法律保障提高扶贫开发管理水平和工作成效。同时，扶贫立法是做好 2020 年后减贫工作的现实需要，能强化和规范农村扶贫开发工作，确保相对贫困人口的基本生存权和发展权。

全国工商联副主席、陕西荣民集团董事长史贵禄认为扶贫立法重点必须明确以下几个内容。

首先，应明确扶贫工作的主体，包括扶贫工作的决策者、执行者和监督者。扶贫工作须遵循政府主导、社会参与、多元投入的原则。

其次，应明确扶贫开发资金来源及其用途。政府应当统筹整合财政资金，制订使用方案，提高资金使用精准度和有效性。建立完善农村扶贫开发项目库，实行农村扶贫开发资金和项目公示制度。

最后，应明确扶贫开发工作的监督与考核机制。财政、审计、扶贫等有关部门应当定期对扶贫资金使用和项目实施情况进行审计和监督检查等。

史贵禄还强调，要明确法律责任。对通过隐瞒欺骗手段获得扶贫资格的、不正当骗取扶贫资金、阻碍扶贫开发工作的扶贫对象，对违法确定扶贫对象的、滥用职权违反扶贫工作程序的、挪用贪污扶贫专项资金的扶贫工作人员，立法时应明确处罚措施，触犯刑法的，应依法追究其刑事责任。

（来源：《法制日报》）

李晓林：建立长效机制，利用电商实现精准脱贫

（全国人大代表、中华思源工程扶贫基金会副理事长兼秘书长、中国慈善联合会副会长）

针对电商扶贫如何能够巩固现有成果，由此建立扶贫的长效机制，李晓林谈了自己的观点。他说，电商扶贫不但是党中央、国务院决策部署的政治任务，也是我国扶贫开发事业的重要经验。只有建立扶贫帮困和乡村振兴的长效机制，才能进一步发挥电商在“精准脱贫”中的先锋队和“生力军”作用。

李晓林建议，首先，政府牵头、多方联动是电商扶贫稳定发展的坚实基础。电商扶贫是个系统工程，涉及生产、流通、消费全产业链，必须各方紧密协作、形成合力，引导和培育可电商化、前景广阔、带动性强的农特产品。

其次，尊重市场规律、培育品牌是电商扶贫有效开展的基本保障。小生产对接大市场，是农产品流通必须面对的客观现实。要实现可持续发展，标准化是规模化的前提，品牌化是产业化的基础。在这方面，需要“补短板”，既要培育产品品牌，又要完善产品标准。

最后，培养人才、扶贫先扶智是电商扶贫可持续发展的长久之计。近期火爆的直播带货，彰显了电商人才的价值。电商扶贫离不开扎根农村、服务农民、拥抱农业的电商人才。通过培训和孵化，不断提升贫困人口利用电商创业、就业的信心和能力，让互联网发展成果惠及更多的贫困地区和贫困人口。

（来源：新华网）

钱学明：后脱贫攻坚时代应关注农村“一老一小”

（全国政协委员、广西壮族自治区政协副主席）

中国在脱贫攻坚收官阶段及今后乡村振兴时期必须高度重视并着力解决好农村养老和教育这“一老一小”两大难题。建议通过医养融合，解决农村贫困家庭“养老之忧”。在各地实现县乡村医疗卫生服务一体化管理基础上，加快推进农村医养融合步伐，由乡镇卫生院院长兼任养老院院长，缓解“医院不能养、养老院不能医”的现实难题。同时通过推进乡村集中居住、分户生活，实现家庭自理、医疗卫生机构服务与社会救助相结合，满足贫困地区农村老年群体对生活照料、医疗服务和亲情关怀等不同层次养老需求。针对贫困农村地区“留守儿童”问题，建议把目前各地农村建设的“留守儿童寄宿制学校”改为在中小城市开办“外出务工子女寄宿制学校”，让贫困家庭孩子能跟随父母在务工地就近入学，让他们享受到家庭关怀和城市优质教育资源，彻底消灭农村“留守儿童”现象。

（来源：中国新闻网）

耿福能：大力发展社会慈善救济事业

（全国人大代表、好医生集团董事长）

主要有五点具体建议：一是希望出台扶贫产业发展相关政策；二是健全金融

扶贫机制；三是大力发展社会慈善救济事业；四是鼓励贫困地区因地制宜地发展区域特色产业，促产业健康持续发展与群众稳定增收；五是创新工作方法，扶志扶智并举，激励贫困群众勤劳致富。“总的来说就是要发动政府、教育、医疗、金融机构等社会各界的力量，保持扶贫产业机制的长效健康运行。”

（来源：央广网）

公共危机应对

马少斌：建立突发公共卫生事件社会心理干预机制

（全国人大代表、中韩〈武汉〉石化炼油二部班长）

马少斌表示，今年的新冠肺炎疫情，疫区公众不同程度存在焦虑、恐慌，甚至失望、愤怒等负面情绪，这些情绪随着疫情的发展而增长，暴露出我国在重大疫情防控体制机制、公共卫生应急管理体系等方面存在的短板和不足。

他认为，要加强对突发公共卫生事件的宣传教育，让公众及时了解真实情况，掌握有效的防范知识和手段，避免产生恐慌心理。心理危机干预不能等到事后再进行，应与应急预案同步实施，并根据实际情况的改变同步调整。

马少斌表示，建立和完善突发公共卫生事件社会心理干预机制，这是应对危机、尽快控制局势的重要手段。

（来源：澎湃新闻）

王均金建议：建设全国一盘棋的应急物资保障体系

（全国政协委员、均瑶集团董事长）

王均金指出，从疫情防控过程来看，突出的问题之一表现为应急物资保障体系存在明显的严重滞后。这次疫情暴露出重点卫生防疫物资（如防护服等）储备严重不足，在其他储备方面也存在类似问题。

而在重大疫情期间，很多民营企业、民间组织和海外华人华侨留学生利用各自的资源在全球范围内采购捐赠，但却遇到采购“无处”、捐赠“无门”、通关“无路”、配送“无序”等现象。

因此，王均金建议增强突发事件的响应能力，顶层设计物资保障体系，将

“国务院联防联控机制”常态化、制度化；同时鼓励民营企业参与医疗物资贸易经营，建设立体、综合、现代的全球采购和物流配送系统；此外还应充分发挥数字技术在疫情防控中的作用，利用大数据构建重要物资的生产、储备空间布局。

（来源：人民网）

吴志良：重视发挥社团在应对突发公共危机中的作用

（全国政协委员、澳门基金会行政委员会主席）

突发性公共危机事件在短时间内发生并严重威胁社会大众生活与社会秩序，具有高度不确定性、突发性、紧急性与危害性等特征。面对此类事件，除了政府与其他社会主体外，应重视发挥社团组织的作用。

例如，社团组织可以提供专业救助，其成员来自社会各阶层和行业，不少专业性社团凭借自身的专业知识与经验，为危机的发生提供预警；当危机发生后，可运用自身的专业优势提供救助，向政府提供应对建议。以医疗社团为例，无论是突发性公共卫生还是大型灾难事件，都离不开医护人员的医疗救助。在重大疫情出现时能组织专业人员宣传卫生防疫知识，减轻疫情危害。在新冠肺炎疫情期间，澳门医疗社团派出医生及义工，探访居住在社会房屋的独居长者，宣传防疫知识，赠送口罩等物资，并在短时间内成功号召1000名成员自愿加入政府设立的抗疫支援服务后备队，提供医疗、护理与心理支援服务。此外，社团组织还可以有效传播信息，整合社会资源，提供志愿服务、稳定社会心理以及协助灾后重建。公共危机事件容易造成社会情绪与心理动荡，仅凭政府力量难以实现全面的心理辅导，需要借助社团组织力量与网络平台向社会及时传达真实可靠的信息，避免谣言蔓延，消除民众的恐惧心理，对受灾民众给予精神鼓励和心理疏导。因此，在全国处于抗击新冠肺炎疫情的当前，建议动员社团组织力量，投入防疫抗疫之中，发挥其多元功能，并总结经验，增强社团组织能力，以应对新的突发公共危机事件。

（来源：澎湃新闻）

雷冬竹：加强基层公共卫生应急管理体系建设

（全国人大代表、湖南郴州市第一人民医院院长）

主要有三点建议：

一是加快推进重症医学科“设置普及化、队伍专业化”建设，建立以急诊科、重症医学科为中坚力量的公共事件应急医疗中心，保护人民生命安全。

二是由政府主导，财政、民政、社保、卫健等多部门共同参与，整合医疗、社会资源，引导公立医院积极投入养老事业，加速推进公益医养结合产业高质量发展，助力健康中国建设。

三是加强基层公共卫生应急管理体系建设。构建及时准确的监控预警信息系统。培养高素质应急队伍，搞好应急训练。

（来源：《潇湘晨报》）

李潞：建议构建疾病预警报告公益平台

（全国人大代表、沈阳医学院附属第二医院心血管内科主任）

早期识别与有效防控是避免疾病流行与暴发的最好方法。李潞建议，构建第三方疾病（公益）预警报告信息平台，作为国家公共卫生管理及疾控中心信息体系的有益补充。广大基层医护人员是预警信息平台的主要签约对象，充分发挥基层医护人员预警哨兵作用，利用该平台对新发且未知的疾病尽快提供一线一手信息资料。平台经过综合分析确定疫情后，迅速以多种形式发布和更新动态数据，供广大医护人员查询。

（来源：中国新闻网）

助残服务

刘小兵：建议开展自闭症患者全面摸底调查，建立成年患者托养机构

（全国人大代表、上海财经大学公共经济与管理学院院长）

自闭症群体虽然属于“民生短板”和“弱有所扶”的重点对象，但相关法律政策缺位，同时社会缺乏认知和关注。尤其是16周岁及以上的成年自闭症群体，随着年龄的增长，他们面临着更多的困境。

刘小兵建议，将自闭症从精神残疾中分离出来，作为一项单独的残疾类别。在规范自闭症残疾界定的基础上，制定更有针对性的政策，保障自闭症患者及其家庭的权益。

一要开展自闭症患者全面摸底调查。普查包含自闭症患者的数量、性别、年龄构成、病情、区域分布等基本信息，合理规划下一步托管机构的数量和分布。同时，通过普查数据，了解自闭症现状，提高社会对自闭症的认知程度，呼吁社会各界关注自闭症群体。

二要构建成年自闭症托养机构。自闭症托养机构具有一定的公益性质，应当由政府主导建立。以上海市为例，在建立自闭症托养机构时，应由市政府主导，按照全市自闭症患者的分布布点，并且打破户籍限制，安排就近接纳；区政府提供配套资金，协助托养机构落地，完善相应的配套措施，支持并监督机构的运营。

三要开展专业培训，加强学科建设。针对自闭症照护人员开展专业培训，加强考核，认证其从业资格，规范照护人员队伍的建设。并且，在高等职业院校中，增加自闭症护理课程，加强相关专业学科建设。

四要建立相关部门联动机制，动员社会力量参与。加强与医疗机构之间联动，如提供就医的绿色通道、委派医护人员驻点或定期到机构进行检查和服务；建立与公安部门之间的联动，保护自闭症患者的人身安全。同时，呼吁社会各界力量参与。托养机构采取公建民营等模式，充分利用市场资源；完善自闭症家庭志愿服务体系，协助托养机构的运营。

（来源：《华夏时报》）

邰丽华：积极推进融合教育，禁止任何基于残疾的教育歧视

（全国政协委员、中国残疾人艺术团团长）

首先，为了切实保障所有残障儿童及其他特殊需要儿童的受教育权利，建议尽快修订《随班就读办法》，并在新修办法中基于《中华人民共和国义务教育法》和《中华人民共和国残疾人保障法》精神扩大政策对象范围。原《随班就读办法》规定的对象主要包括视力、听力和中轻度智力障碍儿童。建议《新办法》应当包括（但不限于）肢体障碍、视障、听障、智力障碍、精神障碍及多重障碍儿童，以及其他有专业评估意见确认有特殊需要的儿童。同时，完善残疾及特殊需要儿童的鉴定评估原则和程序，残疾评估鉴定应当依据多学科综合意见，且基于儿童利益最大化原则出具评估结论和意见。

其次，《新办法》的总体原则应明确残疾儿童及其他特殊需要儿童平等接受教育的权利，禁止任何基于残疾的教育歧视。积极推进融合教育，明确普通学校作为实施主体是保障和发展残疾及特殊需要儿童接受义务教育的优先形式和主要形式，特殊教育学校应作为保障残障儿童教育权利的补充形式。特殊学校应积极发挥在地专业资源中心的骨干力量，支持普通学校开展融合教育。

（来源：澎湃新闻）

吕世明：加快建立无障碍设计和设施产品认证制度

（全国人大代表、中国残联副主席）

我国目前有8500多万残疾人，60岁以上的老年人近2.5亿，未来社会对无障碍环境的需求越来越高。除此以外，孕妇、儿童、大量伤病人员以及社会所有成员都将是无障碍的受益者。

吕世明表示，我国无障碍环境建设快速发展，成效显著，但由于法规制度中对相关实施部门缺乏强制性和有效罚则，导致现实中无障碍设计和设施产品质量参差不齐。

为此，他建议国家认证认可监督管理部门与住房城乡建设部门高度重视，加快建立无障碍设计和设施产品认证制度。

首先制定统一的标准规范。组建专家团队系统梳理有关标准、法规和其他规范，对无障碍设计和设施产品认证予以专项研究，起草并制定全国统一的无障碍认证技术、人员、机构、服务、设施、产品国家或行业标准。

其次是建立分工合理、高效运营的工作机制。起草认证规则，适时出台我国无障碍环境设计和设施产品认证的实施办法或指导意见，争取建立政府引领、机构参与、利益方认可的无障碍认证长效机制。

最后，推广无障碍认证采信应用，将无障碍设计和设施产品认证纳入无障碍环境建设法规。

（来源：《华夏时报》）

养老事业

贾樟柯：组织志愿者帮助老人融入数字化生活

（全国人大代表、电影导演）

走访调研中贾樟柯了解到，有近一半独居老人完全不适应网络缴费、线上挂号以及网约车等。一方面他们对资金、个人信息的安全有所顾虑；另一方面则是因为子女不在身边，无人培训，他们很难适应互联网生活。

他呼吁发动社会各界参与进来，让老年人的网络生活不再“边缘化”。同时贾樟柯建议市政部门、银行等机构在过渡期保留窗口，给这些老人带来方便。“比如说银行有一两个窗口，可以给不太懂数字生活的老年人使用。我们不能忽视那些需要帮助的人。”

贾樟柯还建议，推动老年人融入数字化生活，基层社区要发挥功能，组织老年人进行培训、兴趣培养等。开办老年人网上课堂、网上兴趣群组、志愿者网上服务，帮他们融入数字化生活。建议常态化组织一些志愿者，通过电话或者面对面，对老年人进行指导。

（来源：央视新闻）

曹阿民：将为老服务纳入乡村振兴规划

（全国政协委员、上海科学院副院长）

2019 年底，中国 60 岁及以上人口已达 2.54 亿人。其中，失能老人已达 4000 万，完全失能老人超过 1000 万，对养老服务供给不断带来新挑战。尤其是失能失智老人的照护问题，亟须全社会的关注。

“农村养老供需矛盾是我们面临的一个难题。”通过对上海松江区“幸福老人村”的养老新模式调研，曹阿民提出了将为老服务纳入乡村振兴规划的建议。“幸福老人村”为何会取得成功，并受到广泛关注？曹阿民认为，主要原因在于其还原和延续了农村老年人熟悉的生活方式，着力将慈善公益、传统文化与生态养老相结合，赋予农村养老成为实践人与乡村、人与自然和谐共处的新内涵。为此，曹阿民建议相关政府部门进一步加快为老服务体系建设的研究，将为老服务与照护新供给纳入乡村振兴规划中，加大都市远郊和乡村地区公建民营养老服务设施建设的财政支持力度。

（来源：澎湃新闻）

上海市政协提案委委员：积极培育以“智慧养老”为特征的社会组织

上海市政协提案委委员走访市民政局，开展“十四五”上海社区与居家养老服务课题调研。谈到技术赋能智慧养老，市民政部门近年来已构建统一的养老数据库和养老服务信息平台，积极培育以“智慧养老”为特征的社会组织和企业，推进养老服务机构广泛运用远程监测、紧急救援等信息技术产品。民政部门呼吁在培育社会组织方面要完善政府购买服务工作机制，特别是未来在制定政策过程中把社会组织视为一类主体等，委员们表示赞同并将就此专门建言。

（来源：澎湃新闻）

袁亚非：调动社会力量发展普惠养老

（全国政协委员、三胞集团董事长）

袁亚非介绍，我国养老机构收住老人仅215万人，整体床位空置率达50%。很多公立机构供不应求，民办机构门庭冷落；城区老龄化严重，养老机构却较少，而郊区床位较多，但就医、探望不方便。公办机构往往受到不计成本、效率较低等体制机制因素的制约。与此同时，占民办机构95%的非营利性机构由于投资不能收回、盈利不能分红、不能抵押贷款，发展乏力。

对此，袁亚非建议，深入开展普惠养老城企联动专项行动，迅速总结参与城市的政策经验，尽快形成支持社会资本可持续发展普惠养老的新模式，推动养老服务供给总量迅速扩大。

“比如说，可以借鉴在国外已经很成熟的CCRC（持续照料社区）模式经验，加快推广和完善共有产权养老房政策。”

他同时建议，应当进一步鼓励和引导社会资本重点发展城区普惠养老，提高民办机构服务质量，减少供需错配。袁亚非认为，要给社会、给市场创造更多机会和可能，调动社会资源和力量，推动养老机构市场化改革，激发养老服务行业的活力，积极支持社会资本参与公立机构改革；积极鼓励民办机构公司化注册、企业化运营，允许民办非营利性机构转为营利性机构；在确保普惠养老“准公益性”的前提下，允许民办机构设定市场化的服务价格，以合理的利润和投资回报鼓励支持社会资本参与普惠养老产业。

（来源：澎湃新闻）

儿童保护

李亚兰：建议对校园霸凌行为进行单独立法

（全国人大代表）

李亚兰认为，在治理校园霸凌现象过程中，现有法律存在概念模糊、责任年龄偏高、惩处方式单一等问题。据此，她建议，对校园霸凌行为进行单独立法，如“反校园霸凌法”或“惩治校园霸凌法”。

“首先，对校园霸凌行为作出明确界定，尤其注意区分校园霸凌与学生间嬉闹、青少年违法犯罪行为的界限，为惩处校园霸凌行为提供法律依据；其次，对责任年龄作出重新划定，在刑事责任年龄的基础上，校园霸凌专项法律重点弥补对低龄霸凌行为的惩戒，尤其是 14 周岁以下校园霸凌施暴者的惩治；最后，应当根据校园霸凌造成的后果严重程度，明确由司法机关对违法犯罪行为进行惩处，还是由学校等教育机构进行纪律惩戒、又或者由家长进行协商处理，解决现有的惩处方式单一的问题。”李亚兰表示。

（来源：《人民日报》）

朱列玉：建议提高性同意年龄

（全国人大代表、广东国鼎律师事务所主任）

朱列玉表示，现行刑法中所规定的 14 周岁的性同意年龄，已不能满足实践需要，也不符合已满 14 周岁的未成年人普遍的心理成熟度。“现在对未成年人的性教育还不充分，14 到 16 岁的未成年人大多对性侵没有清晰的理解，面对可能存在的性侵害，保护自己的能力还不足。”

2013 年 10 月 25 日，最高法、最高检、公安部、司法部发布《关于依法惩治性侵害未成年人犯罪的意见》，明确指出，对已满 14 周岁的未成年女性负有特殊职责的人员，利用其优势地位或者被害人孤立无援的境地，迫使未成年被害人就范，而与其发生性关系的，以强奸罪定罪处罚。

在朱列玉看来，这一司法解释在实践认定中比较模糊，掌握起来存在一定困难。“怎么认定利用优势地位？什么情况算迫使未成年被害人就范？执行起来比较困难。如果通过将性同意年龄划分成三种情况，会清晰很多。”

朱列玉建议，对于有监护、师生、管理等关系的，性同意年龄改为18周岁。

（来源：澎湃新闻）

刘希娅：有性侵记录者不得从事未成年人工作

（全国人大代表、重庆市谢家湾小学校长）

在走访调研中，刘希娅发现，性侵未成年人的案件中，犯罪嫌疑人不少是被害人在学校或补习机构的老师等熟人。比如，某地一名小学校长曾因强奸罪被判处有期徒刑7年，出狱后竟然又成为一所国际学校老师，再次利用职务之便猥亵学生。预防未成年人性侵的发生，关键还是要重点关注与未成年人密切接触的人群。

对此，刘希娅建议建立性侵害未成年人犯罪信息资料库并实现全国联网、公开。她认为，可以考虑建立近年来性侵未成年人犯罪资料的专项信息库，并在全国范围内实现跨省市、跨区域联网和实时更新，实现跨区域查询犯罪记录，解决犯罪嫌疑人异地流窜等问题。由有关部门在信息库中完善性犯罪者的姓名、照片和犯罪事实等内容，向各类幼儿园、中小学、补习机构和培训机构等与未成年人有密切接触的单位或部门开放，供这些单位知晓、查询。

（来源：《人民日报》）

黄绮：建议对自闭症儿童加大政策支持

（全国政协委员、上海外国语大学法学院副教授）

黄绮表示，目前，国内已开展自闭症筛查、评估、预警和早期干预等工作，将自闭症儿童的教育纳入特殊教育领域。

但是还存在不少值得重视的问题。自闭症儿童数据不清，且自闭症是一个谱系疾病，诊断标准不统一，难于汇总日常诊断情况；自闭症学生缺乏系统的社会支持服务，家校压力大。同时，自闭症康复机构以民营为主，专业性差，运行不规范；从业人员专业能力不足，队伍稳定性差。

为此，黄绮建议，强化政府责任，形成联动机制，建立与全面建成小康社会目标相适应的残疾儿童康复救助制度体系；建立统一的统计信息平台，方便查询和管理。

在能力建设方面，她建议从基础上岗培训着手规范从业人员资质，使其具备自闭症儿童康复服务必备的基础技能和业务能力，并由人社部门颁发专项职业能力证书。

另外，黄绮建议研究制定相关的政策，为自闭症家庭及服务机构提供有效支持。对有资质的自闭症康复服务机构，政府可通过委托、项目合作、重点推介和孵化扶持等多种方式，进行扶持培育。

（来源：《新民晚报》）

方燕：建立收养后的跟踪监督机制

（全国人大代表、陕西省律师协会副会长）

“建立收养后的跟踪监督制度是当务之急。”方燕说，目前现行收养法仅关注收养前审查，尚未建立收养关系成立后的跟踪监督制度。很多侵害被收养人权益的行为往往发生在收养关系成立之后。因此，建立收养关系后，应当由专门的机构对孩子的生活情况进行长期跟踪，在建立信任与隐私保密的前提下，定期到收养家庭了解情况。方燕建议，应当借助大数据等技术优势，逐步建立全国联通的收养信息系统，防止出现收养家庭失联失控的情况。

方燕认为，目前我国已经初步建立行政主导模式的收养评估制度，行政机关往往指定或者授权第三方社会组织或儿童福利机构等来进行具体的评估工作，但现有收养评估制度仍然存在些问题。比如委托第三方参与评估的依据仅仅是《收养能力评估工作指引》，需要进一步明确这些第三方机构的资格审核标准如何、由谁主导，第三方评估结果的具体效力如何认定等。

此外，方燕提醒，民法典审议通过并生效后，应当尽快出台收养制度配套的实施办法或规定。

（来源：《光明日报》）

台盟中央：构建行之有效的未成年人保护公益诉讼制度刻不容缓

近年来，我国未成年人保护工作取得了显著成效，同时也存在一些亟待解决的问题，比如非法生产和销售含有毒有害物质或安全隐患的儿童玩具；未成年人遭受不法侵害，身体和心理受到伤害，无人代为提起诉讼主张权利等。对此，台盟中央建议尽快推动构建行之有效的未成年人保护公益诉讼制度。

台盟中央建议，由相关立法部门和最高人民检察院、最高人民法院组织专门力量，深入开展调研，特别是针对未成年人保护公益诉讼工作面临的新情况、新问题，广泛听取社会各界意见，认真研判开展未成年人保护公益诉讼工作的必要性、可行性，为建立完善未成年人保护公益诉讼相关法律制度奠定实践和法理基础。

台盟中央表示，围绕民事诉讼法、行政诉讼法等对公益诉讼的相关规定，特别是根据修订后的未成年人保护法对未成年人保护公益诉讼的相关要求，要及时对公益诉讼案件范围进行适当扩充，修订《关于检察公益诉讼案件适用法律若干问题的解释》，明确未成年人公益诉讼的相关法律规定，特别要细化和完善未成年人保护公益诉讼案件的范围、管辖、诉前程序、诉讼权与义务、举证责任等相关要求。

（来源：网易）

黄晓薇：将 3 岁以下婴幼儿家庭教育支持服务纳入政府公共服务

（全国政协委员、全国妇联党组书记）

黄晓薇认为，民众的需求、国际社会的经验、本土的实践方案均表明将 3 岁以下婴幼儿家庭教育支持服务纳入政府公共服务的必要性和可行性。为此，她建议：一是建立相关部门共同参与的 3 岁以下婴幼儿家庭教育支持工作机制，充分发挥各部门的组织优势和专业优势，开展形式多样的家庭教育支持服务，同时强化基层政府的家庭教育支持服务职能。二是将 3 岁以下婴幼儿家庭教育支持服务作为城乡社区公共服务的重要内容纳入基本公共服务项目清单，采取专项财政经费支持、在中央彩票公益金中专项列支、政府购买服务等，构建政府主导、社会力量参与的家庭教育支持经费保障机制。在目前实施的儿童教育、儿童营养保健、儿童保护等公共服务项目中，增加对 3 岁以下贫困、残疾等特殊困难婴幼儿家长的科学育儿指导内容。三是细化托育机构设置标准和管理规范，完善行业准入标准、从业人员的职业资格认证，健全注册、备案登记、信息公示和质量评估等制度，强化行业自律等，加强 3 岁以下婴幼儿照护服务的规范、监管。

（来源：《中国妇女报》）

环境保护

孙建博：建议增设捕猎、饲养、交易和食用野生动物罪

（全国人大代表、山东省淄博市原山林场党委书记）

"禁食野生动物既要治标更要治本。"孙建博认为，不受保护的野生动物满足了某些人滋补养生的口腹之欲，形成了一条"捕猎→运输→贩卖→消费"野生动物黑色利益链，而这恰恰成为威胁人民群众生命安全和身体健康的重灾区，必须通过立法从源头上进行更加严格的管控。

孙建博建议，应适当扩大刑法保护的野生动物范围，规定非法猎捕、交易其他野生动物的犯罪。"应当用最严厉的法律规定，彻底禁止非法捕猎、交易、食用野生动物的行为，保护公共卫生安全。通过完善野生动物保护法律制度，革除滥食野生动物的陋习，确保人民群众生命安全和身体健康。"

（来源：澎湃新闻）

宋鑫：让垃圾分类规范化

（全国政协委员、中国节能环保集团董事长）

宋鑫介绍说，垃圾分类涵盖投放、收集、运输、处理四个环节。当前垃圾分类存在三个方面的问题：一是居民的环保意识有待进一步提高；二是各地区分类处理设施的能力尚不充分，结构也不够合理，需要进一步提升能力和优化结构；三是分类后的厨余垃圾处理目前还存在技术不成熟、处理成本高、资源化出路不畅通等难题。

"垃圾分类从来就不是一蹴而就的事，无论是日本、德国还是瑞典，都是经过了几十年的宣传教育，经过一代人的努力才见效。"他表示。

宋鑫认为，作为实现垃圾分类的"最后一公里"地区，三四线城市及乡村面临最大的问题就是分类后垃圾量不足，单独建设垃圾处置终端设施成本过高，可尝试打造"分散收运＋集中处理"的"县域固废统筹共建服务"新模式。

（来源：新华网）

沈国军：自然保护地管理需要公众和社会组织参与

（全国政协委员、银泰集团创始人兼董事长、桃花源生态保护基金会执行主席）

沈国军指出，目前公众和社会组织参与自然保护地治理，存在无法登记备案、缺乏从土地权属上确保社区参与的法律机制等问题。

为此，他建议加快自然保护地的立法工作。一是明确公益保护地的备案登记制度；二是在自然保护地立法中，将法定地役权具体化，确立公共地役权；三是采用行政合同的方式，鼓励自然保护地委托社会组织或社区管理；四是明确特许经营的制度，并优先鼓励当地社区及企业作为特许经营主体；五是鼓励普通民众以志愿者形式参与自然保护地管理，建立自然保护地志愿者服务制度。

沈国军认为，社会参与才是自然保护地立法的核心。

（来源：东方网）

汤维建：建立统一的环境公益鉴定机构

（全国政协委员、中国人民大学法学院教授）

环境公益诉讼面临的一大困境是“鉴定贵”，很多公益诉讼案件因此而不得不搁浅，尽管检察机关目前与有关部门协商确定可以先鉴定后缴费，但败诉后缴费问题仍是一个负担。对此，汤维建建议，建立国家性和公益性的鉴定机构，凡符合条件者均可免费获得鉴定，其成本由财政统一支付。

摒弃目前的“各自为政”的多头管理体制，改为由司法行政机关对环境公益诉讼鉴定机构统一管理的体制。汤维建表示，由于环境公益诉讼可能会涉及行政公益诉讼，环保等行政部门在此类案件中处于被告地位，若将环境公益诉讼鉴定机构设置在环保等部门下，则无法保障鉴定工作的中立性和独立性。

汤维建建议，建立全国统一的环境公益诉讼司法鉴定评估标准，作为各地和各个鉴定机构制定具体标准的依据。各地方和各机构可结合本地区、本机构的特殊情况进行技术标准的择取，达到规范性和灵活性的统一。

（来源：人民政协网）

朱列玉：食用野生动物或宠物拘留 10 到 15 天

（全国人大代表、广东国鼎律师事务所主任）

朱列玉建议修改《中华人民共和国治安管理处罚法》，对食用野生动物与宠物的，处以 10 日以上 15 日以下拘留，并处 1000 元以下罚款。由该法对食用野生动物与宠物这种行为作出约束，彻底粉碎“捕猎—运输—贩卖—消费”野生动物的黑色利益链，从根源上解决问题。

朱列玉认为，这一修改会将禁止食用野生动物上升到法律层面，使用法律武器彻底禁止食用野生动物的行为，切断野生动物的交易需求，巩固上述禁止野生动物交易的良好成效，切实可行。

（来源：澎湃新闻）

翟美卿：透明公开重污染天气管控，避免环保执法“一刀切”

（全国政协委员、香江集团总裁、香江控股董事长）

翟美卿建议，进一步透明公开重污染天气管控实施决策过程和实际效果，及时公示于众，接受各方监督，严禁一些地方为了排名免责随意启动重污染管控措施、企业生产随意关停等“一刀切”式环保执法。进一步梳理涉及环保、安监、国土政策法规，避免各自为政，努力避免不同部门政策打架、数据冲突造成企业无所适从，影响企业生产平稳有序进行的情况。同时，在环保设备采购上，取消指定供应商。

（来源：中国青年网）

浙江代表团以代表团名义提出议案：设立国家生态文明日

生态文明建设事关发展大局，涉及各行各业和千家万户，需要凝聚广泛共识，形成全民行动。为此，浙江代表团建议全国人大常委会通过决定的形式，将 8 月 15 日确定为“国家生态文明日”。

目前，浙江、贵州、西安等多个省、市都已设立生态日，已有 16 个省、1000 多个县开展了生态文明系列创建活动。

（来源：中国新闻网）

张伯礼：建议全面取缔野生动物经营集贸市场

（全国人大代表、中国工程院院士）

张伯礼提出了修改野生动物保护法的议案。他认为，现行法律保护野生动物范围有限，鉴于近年来数次重大传染病与食用、接触野生动物有关，而该类野生动物并未在原法所列目录中，建议扩大野生动物保护范围，除水生野生动物不作修改外，陆生动物建议扩至全部品种。

此外，张伯礼建议在法律中明确这些内容："除医疗用途外，禁止个人和饭店、酒店、茶楼等餐饮机构购买和食用任何野生动物及其制品。全面取缔野生动物经营集贸市场。禁止私自藏匿、家庭饲养野生动物。"

（来源：《人民法院报》）

教 育

朱永新：建议全面实行公益性在线学习免流服务

（全国政协委员常委、苏州大学新教育研究院教授）

"在'停课不停学'期间，全国2亿多学生居家通过在线教育软件进行线上学习，诸多平台都提供了优质、免费的学习资源。但是，对于贫困地区、生活困难家庭来说，课程资源免费，但在线学习需要流量费用。"朱永新表示，不应让流量成为学习的"拦路虎"。应考虑和照顾到贫困家庭等困难群体的需要，跨越数字鸿沟，保障教育公平。

他建议，可通过政府购买服务的方式，全面实行公益性学习资源和中小学生在线学习免流服务，对进行网络课程学习的贫困学生提供网络流量补贴，并逐步扩大到所有中小学生；此外，可通过对公益类学习资源的甄别，选出一批质量高、效益好、使用广泛、公益性突出的学习资源类网站和App，再通过政府购买服务的方式，向三大运营商支付定额的流量费用，购买流量定向服务。

（来源：中国教育新闻网）

冀永强：引导社会力量参与孩子放学托管服务

（全国政协委员、民盟宁夏区委会主委）

针对课外托管服务的短板问题，冀永强建议，应统筹推进课堂教育与课外活动，树立素质教育理念，改变“重课堂教学、轻课外活动”的倾向，明确托管服务是政府基本教育公共服务职能的一部分，鼓励托管机构开设各种素质能力提升、人文素养能力提升项目，形成教学与课外活动的相互衔接、相互支撑。不断加强分类指导，统筹各学校课后托管服务。从各方面来看，学校开展托管服务具有优势，要发挥学校在开展托管服务方面的主体作用，消除障碍调动学校积极性。同时，引导社会力量参与托管服务，以提供专业化、高质量的托管服务。

（来源：人民网）

俞敏洪：继续聚焦城乡教育均衡

（全国政协委员、新东方教育科技集团董事长）

为了稳定乡村英语教师队伍，提升乡村英语教育质量，俞敏洪在提案中提出了两点建议：一是利用互联网技术，大力发展“双师直播课堂”等远程教学，打破空间壁垒，让优质教育资源得以共享，同时缓解乡村地区英语师资匮乏、工作压力过大、提升机会欠缺的现状。二是继续提升乡村教师待遇，改善生活和工作条件。如进一步加强乡村教师周转宿舍建设，按规定将符合条件的教师纳入当地住房保障范围，让乡村教师住有所居；在培训、职称评聘、表彰奖励等方面向乡村青年教师倾斜等。

（来源：《新京报》）

16 位委员联名提案：建议加快建设教育专网

全国政协委员管培俊、刘利民等 16 位委员共同呼吁加快教育专网建设。建设教育专网，有利于为青少年提供快速、便捷、绿色、安全的网络学习环境，保障各类创新型教学的常态化应用，为人工智能时代信息技术与教育教学的创新应用奠定坚实基础，对缩小区域、城乡、校际差距，实现更加公平更有质量的教育具有重要的战略意义和深远的社会影响。特别是在今年疫情防控的特殊时期，全国各地各级各类学校为保障“停课不停学”，基于互联网实施史无前例的大规模在线教学，在全球首开先河，对中国乃至世界教育发展都具有重要意义。

后疫情时代，在线教育深入发展和大规模应用是必然趋势。此次非常时期大规模网络教育显现出的优势与短板充分表明，加快建设中国教育专用网络，构建泛在的网络学习空间，为教育教学提供快速稳定的网络保障，为师生提供安全绿色的网络环境，并构建可管可控的智能化学习环境，支持优质教育资源的开放共享，支持在线教育高质量健康发展，并为国家公共安全体系提供有力支撑，非常必要而紧迫。

（来源：中国网政协频道）

李晓鹏：借助扶贫对口帮扶机制，实施青少年公益研学行动

（全国政协委员、中国光大集团董事长）

李晓鹏建议围绕脱贫攻坚、履行企业社会责任等课题，结合中央企业对口帮扶机制，在更大范围内开展贫困地区青少年公益研学教育扶贫行动，打造新“希望工程”。

目前，全国青少年研学旅行参与率存在较大的不均衡情况，京沪等地参与率达66%，江浙等地超过50%，云贵滇等地不足20%，深度贫困地区更低，不利于国家教育公平政策实施，也不利于贫困地区青少年成才成长。

他提出几点建议：

建立多元筹资渠道，探索可持续研学旅行模式。建议由国家扶贫机构牵头，结合企事业单位对口帮扶机制，构建三位一体的教育扶贫新模式，即：政府/大型央企等机构出资提供针对贫困地区青少年研学旅行的经费基金，专业研学市场主体提供定制的专属研学服务，对口贫困县青少年免费参加，共同打造“花钱不多、利在当代、功在千秋”的教育扶贫新希望工程。

加大研学旅行人才培养与课程研发力度。建议加大培养研学旅行专业人才和研学旅行课程研发投入力度，特别是加强对红色基因传承、优秀传统文化、新科技成果共享等课程内容的研发。

重点培育高品质研学旅行市场主体。研学旅行要充分体现安全性、教育性及公益性原则，建议鼓励市场主体特别是国有企业积极参与公益研学旅行的产品研发和服务打造。

（来源：新华网）

社会责任

一善染心，万劫不朽。百灯旷照，千里通明。

——萧　纲

CSR 的“四种责任”和“三重境界”

谭逸丹

引言

企业社会责任（CSR）就是现代企业竞争力的核心法宝之一。企业社会责任包括哪些方面呢？目前，人们普遍认为企业社会责任包括经济责任、法律责任、道德责任和慈善责任四个方面。

从《人民的名义》看企业社会责任众生相

2017 年，一部现象级电视剧《人民的名义》风靡全国，反腐剧情扣人心弦，老戏骨们演技精湛，剧中更勾勒了不同类型企业在社会责任方面的众生相。

赵瑞龙的吕州美食城建立在京州市美丽的月牙湖湖心岛上。美食城客似云集，月牙湖污染成疾，最后在政府和群众的反对声中，美食城被拆迁，拆迁款用于成立月牙湖环保基金。高小琴的山水集团在剧中罔顾市场经济秩序和法制法规，巧取豪夺工人股权，提供卖淫嫖娼服务，违法违规。王大路的大路集团则一直合法经营，恪守本分，设置“防火墙”降低并消除公司风险，是良好企业公民的代表。郑西坡领导的新大风服装厂，解决了国企改制后下岗职工的平稳过渡，积极探索“互联网 +”环境下的职工再就业之路，获得政府与广大群众的支持……由此可见，不同的企业社会责任意识及行动，可以深刻地影响企业的发展之路。

那么，企业社会责任包括哪些方面呢？目前，人们普遍认为企业社会责任包括经济责任、法律责任、道德责任和慈善责任四个方面。具体来说，经济责任是指企业在经济活动中应承担的与其经济职责相对应的责任，包括为企业提供合格的产品、满足员工福利与经济保障、实现股东利润最大化等；法律责任，是指企业依法享有权利的同时必须承担法律规定的责任，应遵纪守法，承担在环境、税收、消费者权益、食品安全等方面的法律责任；道德责任，是指企业基于一定社会的道德要求应承担的责任，应遵守道德标准和规范，反映消费者、员工、股东和社区在公平公正、可持续发展等方面的期望；慈善责任，是指企业根据一定的社会价值观和社会期望自愿承担的责任，属于延伸责任，成为优秀企业公民，以行动或项目促进人类福利事业发展。随着经济的发展和各国实践的不断丰富，企业社会责任的内涵越来越完善，外延越来越大，这就要求企业管理者有责任意识，从企业战略层面引入社会责任，将责任管理落实到企业运营体系中。

从义务向战略的转变，从被动到主动的选择

王国维曾在《人间词话》中说出了求知的三重境界，其实企业社会责任也有这三重境界。第一重境界是"独善其身"，企业为了自身发展，在经济、法律和道德方面做到合法合规、透明、道德地运营，以降低并消除各类风险，成为市场和社会公认的良好企业公民。第二重境界是"为富且仁"，企业积极打造产业链合作与发展，将社会责任融入企业发展战略，在行业内、社区内创造共享价值，从而获得持续发展和扩大市场。第三重境界是"兼济天下"，或者用菲利普·科特勒的话来说，是"致力于挣钱并解决社会问题"。这重境界的企业常常以社会需求为导向，以商业方式联手社会力量解决社会问题，催化社会创新的同时催生更具内生性、原创性的社会责任生态圈，企业从中预知并创造市场。

我国作为世界上最大的发展中国家，经济主体体量巨大，生存和发展是大多数企业面临的首要任务。我国企业社会责任整体还处在粗放式、低效率的起步阶段。根据中国社科院经济学部企业社会责任研究中心发布的《企业社会责任蓝皮书（2016）》，2016 年中国企业 300 强社会责任发展指数为 35.1 分（满分 100 分），同比提高 0.7 分，整体处于起步者阶段。七成的企业社会责任发展指数得分低于 60 分；近五成企业还处于社会责任信息披露严重不足的旁观者阶段（得分低于 20 分）。

随着企业治理理念的升级更新、市场经济秩序的完善和规范、公民意识的觉醒和推动，越来越多的企业在履行社会责任上从义务向战略升级，从被动适应到主动践行，企业社会责任领军企业的本土化实践案例愈来愈多，经验愈发丰富。譬如，万科通过实现住宅产业化、应用可再生资源、进行绿色采购以及营造社区文化氛围，显著地推动整个产业上下游对环境问题的关注，并身体力行地带动行

业减少资源能源的消耗，实现绿色可持续发展，多次获得“中国最佳企业公民”等荣誉。

企业社会责任提升长期竞争力

无论一家企业的目标多么伟大崇高，最后都必须通过自己的竞争力来实现它。企业社会责任就是现代企业竞争力的核心法宝之一。真正高效率、有影响力的社会责任项目，都与企业的战略发展息息相关。单纯的捐赠、粗放式的金钱投入，往往让 CSR 变成企业的负担。只有把社会责任纳入企业战略，才能成就企业的长期竞争力，成就企业最长远的发展和最宏伟的目标。

（作者系深圳市创新企业社会责任促进中心员工；深圳市创新企业社会责任促进中心［CSRDC］是致力于开展企业可持续社会责任、企业社会创新应用价值研究的非营利组织）

中国式企业慈善：矛盾的“爱心”盛宴

许年行　李　哲

引言

在企业大举慈善之旗时，完全不必计较“利己”还是“利他”。中国有句古话：“人在做，天在看。”只要坦然地履行社会责任并付诸“关爱”，不但可以因势利导地激发员工及其他利益相关者产生更多的同情心，而且可以水到渠成地收获赞誉和肯定，进而促成商业利益和社会利益的双赢。

在精准扶贫的号角声中，国家立法机构特颁布《中华人民共和国慈善法》并启动“中华慈善日”以调动企业法人等社会力量来扶贫济困。在政策引导之下，越来越多的企业投身于社会公益，将爱心贡献给需要帮助的困难人士和受灾群众。然而，随着慈善事业的迅猛发展，企业捐赠行为逐渐演变为一场充斥着矛盾的“爱心”盛宴，形成了中国式企业慈善捐赠的困局。

矛盾之一在于企业捐赠金额之间的差异越来越明显，多者倾尽所有乃至裸捐，寡者一文不出并能自我辩护。为什么各企业的慈善捐赠水平有高有低？谁在主导着企业的慈善捐赠活动？这不但是社会公众关心的焦点，更是企业关心的问题。对这个话题的讨论有助于我们深入了解企业在履行其社会责任背后的故事。具体到企业管理，高层团队领导行为具有较强的个性化色彩，而 CEO 是高层团队中最有影响力的决策者，其对慈善的认知对于企业捐赠有着明显的影响。

矛盾之二在于捐赠的目的存在扭曲，炒作动机和羊群行为明显。有首打油诗：“只为炒作不为爱，爱心也能搞摊派。领导多捐我多捐，现场要有记者在。”反映了部分捐赠者把“利己”动机作为企业慈善捐赠行为的初衷，认为企业慈善捐赠行为是为了某种商业目的而有意采取的理性行动。如果追溯慈善的本质，不难理解慈善应是在善心驱动下的善举，更多地源于同情心或恻隐之心而产生的无意识发生。这种“移情”的心理状态源自责任人亲身经历获得的道德情感体验。甚至可以说，只有源自道德情感体验的慈善活动才能称得上真正意义上的利他行为。

要破解中国式企业慈善的两个困局，需要我们思考如何鼓励源自善心的善举。在中国的商业领导模式中，企业高管在进行财务决策时也难免受到个性心理的影响，常常试图将自己的早期经历的特殊事件或教训在领导岗位上展现出来，即我们所说的领导风格。在众多的企业财务决策中，慈善捐赠行为也体现着高管个人生活模式和阅历的差异。因此，要引导慈善决策者的行为模式，首要的任务应当是剖析其心理特质。

成年个体的行为模式受到早期经历的直接影响，其中童年期是个体思维方式和价值观形成的阶段。在童年经历中，衣食冷暖影响着个体素质的形成，导致成年行为的特殊性，甚至永久性生理和生物大脑的变化。从心理学来看，如果早期逆境使得个人的大脑发育和生理功能受到创伤，甚至可能会对个人的心智和行为产生长期影响。

时空双维之“苦”

中国企业高管的个体特质性心理形成过程普遍存在着时空两个维度的逆境。

如若将目光放在企业高管童年成长的空间维度之“苦”，自然人在成长阶段的性格形成依赖于家乡的发展程度，即“一方水土养一方人”。这种区域氛围会通过共同的历史、共同的经济活动、集体记忆和集体实践来影响精神特质和行为模式，包括影响到公司管理层对待企业和社会的态度。即使 CEO（首席执行官）自身的家庭条件不一定属于贫困状况，但通过周边环境的所见所闻，也会影响其心理和行为。不难理解出生于贫困地区的 CEO 更了解社会捐赠的重要意义，其任职的公司可能更主动地向社会履行相应责任。比如，福耀玻璃工业集团董事长曹德旺先生因家庭贫寒而在小学毕业后被迫辍学，艰难谋生中经常忍饥挨饿。贫困经历让曹德旺倍加同情那些需要帮扶和关怀的人们，其累计捐款近 80 亿元人民币于救灾、扶贫、助学等各方面。研究者们还做了下面这个有趣的尝试，即考察了同一家公司高管轮换事件前后的企业捐赠行为变化，发现如果公司从“来自非贫困地区 CEO”变更为“来自贫困地区 CEO”，则公司捐赠水平出现明显提升，反之则明显下降。

相比贫瘠的成长环境，短促而有力的创伤性历史事件同样能给幸存者带来不可磨灭的感知冲击，这种经历可以被称作时间维度之“苦”。在中国，1959 年至 1961 年期间的“三年自然灾害”给同时代的人们烙上了永恒记忆，这种切身体验同样会诱发经历过该事件的人改变行为。研究者们考察了上市公司 CEO 在 0~14 岁之间的童年时期是否有过“大饥荒”时期的经历，结果发现童年经历过“大饥荒”的 CEO 任职公司有着更多的慈善捐赠，而且成长于安徽、重庆、四川等受灾严重地区的高管尤为如此。比如，万向集团董事局主席鲁冠球曾拍打着自己的手臂，坦言自己在三年困难时期“吃树皮草根，吃得人都浮肿了”。他一手创办的万向慈善基金申明其特别之处——不要求资助对象具备“品学兼优”“高考分数本科以上”等附带条件，“贫困”是唯一标准。由此，我们可推知，经历过极端逆境期的 CEO 往往更懂得物质匮乏的困顿，从而将心比心地对待其他处于困顿状态的人们。

灾难对“初心”的考验

2008 年 5 月 12 日的汶川地震成为中华人民共和国成立以来面临的最大的自然灾难之一，震坏的不仅是灾区的经济建设成果，同样考问了一批作为社会公民的上市企业。从媒体报端可以看到，一些平日标榜慈善的企业家偃旗息鼓，而一些曾默不作声的企业家却倾囊相助；有一批企业家不仅捐钱献物，而且组织人力亲赴灾区；另有一批企业家不仅象征性地捐助“九牛一毛”，而且面对公众的指责能做到“面不改色心不跳”。公众在抒发愤怒的同时，也对自己的认知进步有了一丝庆幸。如若不是自然灾害等外生事件的冲击，部分企业的慈善面具还无法崩裂，继续扮演着慈眉善目的“狼外婆”。正是由于骤然发生的地震，促使上市公司慈善行为的差异能更为明显地表露。

对于形形色色的企业家行为，我们姑且认为其行为出自其认知。大地震所带来的骨肉分离之苦，对于不同经历的人势必具有不同的触动：对于那些有切肤之痛的自然人而言仿佛打开了记忆的门锁，或将本能地促动其表达对他人的不幸遭遇的关心和支持的情感；而对于那些从未感触过困苦的人而言，感受不及有过类似遭遇的人。可以想见，这两种有着不同经历的自然人在面对自然灾害的冲击时，具有明显不同的“移情”能力和共鸣体验。

研究者们捕捉到这一线索，通过中国上市公司的经验证据证明那些历经时空双维之“苦”的 CEO 所在企业在汶川地震发生之后施予了更多的社会慈善捐赠。

比如，2008 年汶川地震发生后，万象集团掌门人鲁冠球决定提前一年在全国范围内开展“四个一万工程”（长期资助一万名孤儿成长，一万名特困生读书，一万名残疾儿童生活，一万名孤老养老），并率先在四川、甘肃、陕西和重庆四个灾区启动。

再比如，太阳雨集团董事长徐建新先生自幼成长于农场，跟随父亲上山下乡，长大后常言：“那些经历让我有了公益的基因，看到困苦不去帮，我自己心里都过意不去。”汶川特大地震发生后不到一周，徐建新不顾企业高管们的反对，毅然组织救援队，并携带数车物资奔赴四川灾区。

更进一步地，研究者利用上市公司的大样本，证明了 CEO 早期生活所见证的贫困环境有助于培养其对于受灾群众“移情”心理反应，感同身受地奉献自己的力量来帮助那些经历着困顿的人。

贫困经历之课：“待人哲学”与“正己哲学”

如果说人生是一个大课堂，困顿所教给人们的更多是待人正己的态度。从这个层面上看，贫困经历这一课应当隶属于哲学门类。我们所言的贫困经历 CEO 之慷慨，究竟是源于贫困经历所赋予的“移情”心理和“利他”动机，还是源于贫困经历所赋予的“做秀”能力和“利己”动机？要回答这个问题，其实可以检验其对待自己和对待他人的行为差异。如果贫困 CEO 能够做到对别人慷慨而对自己节俭，那么我们认为贫困经历提升了他们的情操和修养，从而更为笃定地相信他们的慷慨之举源于“利他”而非“利己”。

研究者们设计了三类有趣的研究来验证这个问题。

其一，他们将目光聚焦于这些贫困高管掌舵的企业在职消费水平，发现其明显低于那些由非贫困高管领航的企业。比如，成长于战乱和贫困中的任正非就格外节俭，在创办华为技术有限公司并担任总裁的过程中一直保持着创业前艰苦朴素的传统。任正非数次被媒体报道在机场等候出租车、在员工食堂排队打饭、出差时和同行人员挤在一间套房中打地铺。然而，任正非对于慈善事业却从不吝啬，早在 1997 年就创办了“寒门学子基金”，他用这种克己复礼的实际行动告诉员工们“节俭最光荣”。通过大样本分析，研究者们更为确信贫困经历修炼了 CEO 高尚的社会责任感。其不但深刻地领悟了节俭智慧，而且能移情于需要帮助的群体并加以体恤和帮扶，可见其所在企业的慈善行为更具真正意义上的“利他”色彩，说明其能够做到对别人慷慨而对自己节俭。

其二，“羊有跪乳之恩，鸦有反哺之义”，研究者们将目光聚焦于受过社会帮扶的高管。对于成长于贫困地区的CEO而言，接受优质的高等教育常为其改变命运的重要途径之一。在获取优质的高等教育过程中，离不开社会对贫困地区考生的政策帮扶和物质支持，因此其更有可能具备回报社会和积极履行社会责任的动机。研究者们发现这些受恩于社会的CEO捐赠水平更高，从而证明贫困经历将有助于提高其回报社会的情怀。

其三，研究者们关注到另类甄别贫困高管是“真情怀”还是“假惺惺”的细节。即检验了企业构建和政府政治关联动机是否在企业捐赠决策中扮演着重要的角色，但是却没有侦测到相关线索，说明成长于贫困环境的CEO进行更多慈善捐赠并不完全是出于讨好政府以获得利好的动机。

聪明的读者看完上述结论，不难发现贫困经历之课教给高管的知识的确是富于正能量的“待人哲学”和“正己哲学”，而非虚与委蛇以谋求潜在利益的“厚黑学”。实际上，在企业大举慈善之旗时，完全不必计较“利己”还是“利他”。中国有句古话：“人在做，天在看。”只要坦然地履行社会责任并付诸“关爱”，不但可以因势利导地激发员工及其他利益相关者产生更多的同情心，而且可以水到渠成地收获赞誉和肯定，进而促成商业利益和社会利益的双赢。

（来源：澎湃新闻网）

危难时刻，兆泰集团的上善之心
——全球疫情下的兆泰集团行动

李 荣

→ 引言

公司在日本采买时，承蒙日本各界的帮助，才购买到防护物资。日本社会从官方到民间对中国表达出的人道主义情谊，让我们非常感动。“守望相助，共克时艰”，不仅是中国人之间的互相勉励，也有友邦互助之义。只有各国都防控住了，疫情才能彻底消灭。

——兆泰集团董事长王全

2020 年 3 月中旬，时隔一个月，兆泰集团再次站在了抗疫最前线，不同的是，上次是在国内抗疫最紧急的关头，从日本采购口罩捐给国内医疗机构；而这次，又从中国采购口罩，捐赠给急需防护物资的日本。

相知在急难，独好亦何益

疫情多日，日本口罩短缺问题仍未解决，不少日本医疗机构由于没有足够口罩，甚至缩短门诊急诊时间。

曾协调日本向中方捐赠防护服的北京兆泰集团股份有限公司，紧急在国内筹集了 80 万个口罩，于 2020 年 3 月 15 日抵达日本东京成田机场。80 万个口罩中，60 万个捐给东京都政府、20 万个捐给北海道，这批口罩在当天被送至两地。

码成 4 层高的 170 箱包装箱上，写着中文古诗“相知在急难，独好亦何益”，还标注了日文“患难方见真情，携手共度时艰”。

危难时刻，存上善之心；友邦相助，敞厚德之怀。疫情面前，兆泰集团铁肩担道义，践行了企业的社会责任。

疫情下的兆泰行动

2020 年 1 月底开始，为寻找口罩和防护服，兆泰集团在海内外辗转奔波了近 50 天。

1 月 28 日，即中国应急管理部宣布疫情防控要按照一级响应标准进入战时状态的第二天，兆泰集团果断行动，员工踊跃捐款 27 万余元。

2 月 2 日，兆泰集团分别向北京市朝阳、西城、海淀红十字会捐赠共计 300 万元。

2 月 11 日，兆泰集团和厚普集团一起，充分调动公司海外资源，从日本进口医用口罩 47 万个，捐赠给北京市红十字会。这批口罩定向捐赠给北京医院、北京市丰台区妇幼保健院、北京协和医院、北京市朝阳区中医医院、中国人民公安大学、中国公共外交协会等 17 家机构。

2 月 12 日，疫情已是吃劲时刻，防护服与口罩在日本处于断货状态，有价无市。面对这种情况，兆泰集团凭借在日本长期经营建立的良好商誉，联系到东京都厅，请求协助。在兆泰集团的协调努力下，东京都政府对北京市政府进行单笔最大规模的医用物资对接捐赠，共捐赠 20 万套医用防护服及 20 万个医用 N95 口罩。

整个疫情时期，兆泰集团一直尽全力在日本采购防护物资。2 月 24 日，4235 箱口罩以及总计 85 吨的抗疫物资全部运抵北京，完成了中日之间最大单笔捐赠。截至 2 月 28 日，兆泰集团为此次战“疫”捐赠财物累计金额达 637.89 万元、协助捐赠 2700 万余元。

进入 3 月，国内疫情取得阶段性成果、复工复产有序进行、口罩产能逐渐恢复，但疫情开始在全球范围内蔓延。

在得知日本口罩严重缺乏后，兆泰集团第一时间在国内筹措，调集所有资源寻找口罩厂家和供应商，共筹集到 80 万只口罩，通过中国大使馆，以最快速度于 3 月 15 日运抵东京，定向捐赠给疫情严重的东京都 60 万只、北海道 20 万只。兆泰集团表示，援助不止于此，公司将会继续提供后续援助。

在多方筹备医疗物资、尽最大能力为一线防疫人员提供防护保障的同时，兆泰集团并未忘记自己的行业责任，秉承与商户共同成长、共克时艰的理念，兆泰集团旗下悠唐购物中心所有店铺春节期间租金、物业费、推广费予以 5 折优惠，共减免商户租金470万元，并持续制订下一步租金减免计划。

投我以木桃，报之以琼瑶

国内疫情暴发后，世界各国纷纷向中国伸出援手，捐款、捐物提供支援。日本对我国的捐赠物资上写有“山川异域，风月同天”，也感动了许多中国人。

现在，在党和政府的领导与全国人民的一致努力下，防控防疫形势向好的方向发展，各地正在有条不紊地复工，口罩、防护服等物资的产能也已经恢复。

同时，疫情全球大流行已经发生，中国在此时展现了大国担当，派遣医疗队伍，携带口罩、防护服、试剂盒等医疗物资，前往各个国家援助，上海援助伊朗、广东援助伊拉克、江苏援助巴基斯坦、四川援助意大利，积极帮助世界各国共克时艰。

兆泰集团认为，病毒没有国界，重大传染性疾病是全世界共同的威胁，在来势汹汹的病毒面前，没有人能够独善其身。在大国精神感召下，企业更要肩负起社会责任：一方面，复工复产和精准防疫都要抓，丝毫不能松懈；另一方面，对于帮助过我们的日本，“投我以木桃，报之以琼瑶”，兆泰集团也会力所能及提供帮助、回馈日方之前的善举。

“公司在日本采买时，承蒙日本各界的帮助，才购买到防护物资。日本社会从官方到民间，对中国表达出的人道主义情谊，让我们非常感动。‘守望相助，共克时艰’，不仅是中国人之间的互相勉励，也有友邦互助之义。只有各国都防控住了，疫情才能彻底消灭。”兆泰集团董事长王全先生表达了兆泰集团回馈的初衷。

国内捐助时，兆泰集团无论捐赠对接工作，还是联络日方政府捐赠等方面，每一环节都落实到位，受到好评。

王全先生表示，这次对日本的物资捐赠，兆泰集团与中国驻日本大使馆和东京都政府保持着密切联系，通过东京都政府和北海道政府安排这些物资的使用和发放。考虑到日本是老龄化社会，口罩将会优先发放医院和养老院。

国家危难有担当

兆泰集团成立于1992年，是改革开放大潮中诞生的一家企业。“没有国家的崛起，就没有企业的发展。兆泰集团有永远的感恩之心和家国情怀。”王全先生说。

公司成立之初，“兆泰”二字，即是寄愿“万民大众，和平安康”。历经 28 年发展，公司业务扩展至地产开发、商业运营、健康产业、国际零售、金融投资、石油能源等多个领域，业务遍及中国内地及海外。

“存上善之心，敞厚德之怀；承天地之道，达万民之安。创基业以为民用，是为兆泰。”这是兆泰集团成立之初的愿景。

危急关头、大灾面前，立下“万民和平之宏愿”的兆泰集团，践行了 28 年来始终秉持的初心，用实际行动彰显了企业的社会责任和民族大义，搭建起中国、日本相互匡扶救助的民间桥梁，不负“兆泰”二字、不负初心。

“我们把抗疫当成一场战争来应对，疫不退，兆泰不退！”王全先生说。

在战“疫”精神的感召下，在为口罩和防护服多方奔走的过程中，兆泰集团员工深深体会到这种大爱无言的感召力。王全先生表示，兆泰集团将一如既往坚持公益事业，将企业社会责任和企业发展战略相契合，将社会责任融入企业生产经营中，用热血和行动践行企业社会责任。

（来源：北京兆泰集团股份有限公司）

扶贫济困

如果说美貌是推荐信，那么善良就是信用卡。

——［英国］布尔沃·利顿

中国银行：
定点扶贫路上的初心与力量

马腾跃

引言

“燕将明日去，秋向此时分。”2019 年 9 月 23 日，第二届中国农民丰收节如约而至，《中国金融家》记者跟随中国银行扶贫工作队的脚步，踏上了一片被“嫣红”与“金黄”渲染得格外亮丽的土地——陕西咸阳。

曾经，这里是陕甘宁边区的南大门，红色马栏留下革命记忆；现在，红彤彤的苹果挂满枝头，红艳艳的花椒格外娇俏。

曾经，这里是干旱贫瘠的旱塬，黄土漫天唯有靠天吃饭；现在，金黄的谷物笑脸迎人，丰收的喜悦处处洋溢。

为创造美好的今天，中国银行连续在咸阳扶贫 18 个年头，仅 2016 年以来，就累计无偿投入扶贫资金 2 亿元，实施扶贫项目 300 余个，惠及百姓超过 20 万人，不遗余力地支持了永寿、长武、旬邑、淳化（以下简称“北四县”）经济社会发展和群众脱贫致富。

产业扶贫“穿针线”

毛泽东说过：“一个人做一件好事并不难，难的是一辈子做好事。”坚守的“意义”和“不易”，只有经历过才会懂得。在“北四县”坚守 18 个年头，中国银行是怀着怎样的一颗初心？

“我们开展定点扶贫工作的初心是具体的、生动的，充满了感情，充满了力量。”中国银行挂职干部、咸阳市政府副市长王蕾对记者直言：“我们不想做资金的搬运工，而是要当个‘皮匠’，把一张张皮子缝合起来，为百姓做双合适的鞋子，帮助他们大踏步奔小康。”

而“做鞋子”的“针线”，源自产业扶贫持续带来的内生动力。

为帮助“北四县”养殖业从家庭散养向规模化转变，中国银行积极推动国际农牧食品龙头企业泰国正大集团在当地建厂。目前投资 6 亿元的一期 30 万头生猪养殖项目已经启动，其中，中国银行投入资金 5400 万元。该项目的实施，将带动 1.5 万贫困人口实现稳定可持续脱贫，有效促进农作物销售、果木种植等农业产业化升级，助推咸阳成为陕西省绿色肉食品和绿色农产品重要供应基地。

“扶贫要想快，全靠产业带。”为牵住产业扶贫的“牛鼻子”，中国银行把握精准、因地制宜，建立产业项目储备库，不断加大投入力度，仅 2018 年就投入资金 3653.4 万元，实施光伏发电、种植养殖、农产品加工等 19 个产业扶贫项目，直接带动 12179 人脱贫。

在适宜的气候和光照条件下，渭北旱塬成为苹果产业发展的沃土。淳化的“马栏红”和爷台山“爸爸的苹果”等特色苹果品牌远近驰名。

在中国银行扶贫资金的支持下，“85 后”女生刘阿娟在爷台山丁户塬村流转土地 700 亩，栽植瑞阳、瑞雪、华硕、巴艾克等新特品种苹果。按“颗”售卖的“爸爸的苹果”，到底与众不同在哪里?

刘阿娟带领记者参观了其运用现代技术进行标准化、规范化打理的果园。她坚持做有机、无公害、用互联网销售的“爸爸的苹果”，带动周边的村民和果农纷纷加入自己的合作社。这个皮肤被阳光晒得黝黑的女生，以前是在北京做财经记者的，为照顾病重的父亲回到村里创业，并为纪念对父亲深厚的爱，用心种出了“爸爸的苹果”。刘阿娟的“苹果梦”不止眼前，她希望把“小小果园”建成“美学作品”，目前正在与著名设计师余平合作，打造集苹果种植、苹果生产、苹果旅游、苹果博物馆、新农村民宿和精品酒店于一体的“爸爸的苹果 · 因果在山”美丽乡村项目。

在旬邑县城关街道办纸坊村，设施大棚产业扶贫基地一派忙碌的景象，有育苗的、盖棚的、摘果的……该基地主要栽种礼品西瓜、土甜瓜、草莓以及蔬菜、花卉等，特别是从韩国引进的西甜瓜品种，汁多甘甜，知名度高，价格超过同类产品的 2 倍。2018 年，纸坊村被农业农村部认定为全国“一村一品”示范村。2019 年，纸坊村争取到中国银行扶贫援建资金 280 万元，又新建了 80 座标准化春暖大棚、6 座智能温室大棚和 1 座瓜果交易市场，助推群众增收致富。

同样是在中国银行的援建下，旬邑县郑家镇百富食用菌产业基地的菌棒生产厂房拔地而起，科学专业的菌棒生产线、育菇房、净化车间大幅提高了蘑菇品质和生产效率。记者了解到，该项目采取了“党支部 + 公司 + 基地 + 贫困户”的运营模式，贫困户通过种植、务工、分红等方法学习技术，增长才识，增加收入。更为重要的是，该项目可资源化利用果木树枝和农作物秸秆压成菌棒，而菌棒转化后又可为果园提供有机肥料，形成了有机农业良性循环，实现了扶贫成果与生态效益的双赢。

精准扶贫靠干劲，更靠产业，没有产业支撑，脱贫就是一句空话。把产业扶贫作为群众稳定增收、稳定脱贫的治本之策和主要途径常抓不懈，让中国银行的定点帮扶开展得更有“质量”。

金融扶贫“点对点”

产业扶贫讲究精准，金融扶贫也是这个道理。中国银行要实现“点对点”的金融支持，更需要精准发力。该行充分运用金融资源和优势，从设机构到创产品再到聘员工，举全行之力推进金融扶贫。

值得关注的是，中国银行累计投入资本金 1.2 亿元，在“北四县”每县设立一家中银富登村镇银行，并于 2018 年 10 月 16 日全部正式营业。四家村镇银行坚持“立足县域、支农支小”的定位，专注普惠金融、精准扶贫工作方向，采取“贷款本地化、税收本地化、员工本地化”，大力向县域涉农中小微企业、农户投放贷款。开业以来，四家村镇银行已在当地招聘员工 117 人，投放创业扶贫小额贷等各类贷款 1.4 亿元，结合当地产业特点推出了“苹果贷”“扶贫贴息果商贷”等金融创新产品，为扶贫产业提供了优质金融服务。

在中国银行挂职干部、旬邑县副县长许元斌看来，中国银行总行批复成立旬邑中银富登村镇银行，为脱贫攻坚和县域经济发展注入了强大活力，解决了县域涉农金融机构网点覆盖率低、金融供给不足等问题。可以说，设立村镇银行是满足县域经济发展资金需求、实现“造血式”扶贫的真招实招，是解民忧、惠民生、促民富的好事实事。

“我们坚持走进农村，亲近农民，支持农业。”旬邑中银富登村镇银行行长杜自强介绍：“目前，我行涉农贷款投放占比超过 90%，通过拓宽自建房、土地经营权、承包权、流转权、圈舍、鸡舍等作为准抵押，解决了缺少传统合格押品问题。”

为何旬邑百姓日常吃的花子馍现在总被叫作“心连心”？记者的好奇心在采访中找到了答案。

“这是因为中国银行与旬邑人民‘心连心’，在某种程度上我们已成为‘命运共同体’。”旬邑县委副书记张延武表示，中国银行建立旬邑中银富登村镇银行，搭建金融平台，促使金融政策在旬邑的落地，这是精准之中的精准。

“精准滴灌”之余，不忘“跨境联动”。

作为国内国际化程度最高的银行，中国银行还充分运用全球化优势，坚持“引进来”与“走出去”并重，运用金融媒介把政府、企业、农户等不同主体的需求与客户资源有效对接，把定点扶贫干出了“国际范儿”。

中国银行曾与陕西省政府共同举办“北四县”精准扶贫跨境撮合洽谈会，来自法国、意大利等 7 个国家以及国内 8 个省份的龙头企业与咸阳地区 80 家企业举办 285 场洽谈会。这样的“撮合”既有效缓解了中小企业融资难题，又实现了贫困地区自然资源和各方资金技术优势互补。

智志双扶“树自信”

“我要把青春献给大槐树！”这是中国银行派驻淳化县大槐树村第一书记王剑峰初到此地时说过的一句话。大槐树村拥有丰厚的历史文化底蕴，出土了全国最大的青铜圆鼎——淳化大鼎。可这里也曾经是个“三多村”——上访群众多、村民矛盾多、干部问题多。如果人心散了，队伍怎么能好带？为此，王剑峰从抓党建和做好群众工作入手，凝聚脱贫攻坚合力。大槐树村以中国银行 67 万元援建资金铺底，通过寻找爱心捐助、党员义务帮工等形式，建成了 450 平方米的标准化党组织阵地，在干事中凝聚人心、树立信心。“在这里工作要跟老百姓真心换真心。”王剑峰告诉记者，大槐树村发展有四宝：靠队伍成合力，靠干部推项目，靠群众举信心，靠产业谋发展。现在来看，大槐树村最大的变化正是精气神和自信心的变化。

记者了解到，大槐树村正在探索村级一二三产业融合发展之路，初步建成了“认养农业 + 精深加工 + 电商产业”发展模式。王剑峰介绍，深耕第一产业，建立“一组一品”的专业农民合作社和“认养农民”合作社，依托中国银行消费扶贫资源，推广“认养农业”模式。其中，一期土地认养337块，参与认养群众61户，包括35户贫困户，每亩耕地净增收益1000元。发展第二产业，以村集体经济为主体推动面粉、杂粮、花椒等深加工企业建成落地。打造第三产业，从电商平台入手，建立大槐树村电商和快递服务站，让帮扶有新度、产品有销路、群众有收益。截至目前，大槐树村电商平台累计销售额达到60多万元，日均接单量200余单，日最高发货量达2500多件。如今，大槐树村的樱桃、油桃、黄桃、苹果、花椒等优质农产品逐步走向全国，更多的人品尝到了“槐树味道”。

中国银行从“心”出发，智志双扶，把“富脑袋”与“富口袋”放到了同等重要的位置，以多种方式的教育扶贫和民生扶贫，帮助群众树立自主脱贫的信心和动力。

在旬邑县马家堡齐心希望小学，中国银行捐赠的学生食堂餐厅设备、课桌椅、图书室以及电脑、乐器等，极大地改善了办学条件，调动了学生的学习积极性。中国银行数据中心则捐资20余万元，帮助旬邑县实验中学建立了“梦想教室”，为学生打造了一方梦想天地，他们不需要死记硬背名词概念，而是通过游戏体验和活动体验感悟成长、学会主动沟通和处理问题的方式方法。

“晚上接孩子再也不怕黑了。”“街坊四邻吃完晚饭可以坐在一起拉话了。”“我们妇女同志能跳广场舞了。”……这些变化与中国银行“点亮乡村·光明万家”项目的实施密不可分。该民生工程主要是为淳化县散居偏僻地区安装LED太阳能路灯，建设中所需资金的20%来自村民自筹，80%来自中国银行捐赠，充分调动村民的积极性和参与度，实现共建、共享、共同维护。

淳化县官庄镇镇长王建利为记者讲述了仙家村自筹资金的感人故事：在村里募捐时，五保户仙运输拿上30元投进了募捐箱，他说：“这是一个好事情，需要大家一起干。”贫困户仙永秀在家庭不富裕的情况下，一下子捐款200元。短短3个小时，仙家村全体村民捐款就突破了2万多元，达到了预期效果。群众的积极性会这么高，也让村干部和扶贫干部感到意外。

中国银行挂职干部、咸阳市政府副秘书长雷舒然向记者谈到，路灯安装其实是一件小事，那为什么非要让村民自筹？因为“点亮乡村·光明万家”项目不仅仅是为出行照亮方向，更重要的是通过群众募捐活动，点燃大家参与村庄建设、发展村庄经济、谋划村庄未来的积极性。这个项目的初衷就是动员大家齐参与，把群众紧紧聚在一起，为村庄建设贡献力量。

“老百姓的事情就要让老百姓参与进来，从受助变为自助、互助，以后还可以帮助外面的人。我们希望通过智志双扶，让贫困群众做自信幸福的人。”王蕾如是说。

可喜可贺的是，在中国银行的定点帮扶下，2019 年 5 月“北四县”已顺利退出贫困县序列。但王蕾表示，“精准扶贫比大水漫灌要难，防返贫比脱赤贫要难。目前‘北四县’的主要任务是摘帽后的脱贫成果巩固，中国银行将把目光放长远，为‘北四县’找到一条可持续发展的路径。”

（来源：《中国金融家》杂志）

中粮集团：发挥优势，构建精准扶贫产业链

东 方

引言

发展产业是实现脱贫的根本之策。产业扶贫，恰恰是中粮集团扶贫工作的突出特色。

作为中国最大的国有农粮企业，中粮集团凭借自身“全产业链”优势，充分发挥在农产品产业上下游的影响力和带动力，结合贫困地区资源禀赋的个性特征，开发出了一系列精准扶贫产业模式，在当地培育形成了一套行之有效的稳定脱贫可持续发展之道。

中粮集团在产业扶贫基础上，还坚持实施志智双扶，并深入走进每家每户，把温暖送到每个贫困群众身边，在企业与群众间培育出了脱贫路上的浓浓鱼水情。

产业扶贫，精准滴灌

四川石渠县被称为“生命禁区”。该县位于青藏高原东南缘的川、青、藏三省接合部，平均海拔 4400 米，极端气温 -46℃，空气含氧量仅为成都平原的 46%。长期以来，经济以原始农牧业为主，但由于雪灾频发，因灾致贫、因灾返贫现象十分普遍。

自 2016 年底开始对口援助石渠县以来，中粮集团即喊出了“缺氧不能缺信念、缺氧不能缺智慧、缺氧不能缺激情”的口号，硬是在极端恶劣和艰苦的条件下，结合当地的资源特征和中粮的产业优势，在短短不到三年的时间内，极大地改变了当地产业模式和民生面貌。

截至 2019 年 9 月 30 日，中粮集团在石渠县投入 1865 万元，根据当地农牧业特征，先后援建了虫草蛋鸡培育基地、藏系绵羊培育基地、藏猪养殖基地，并利

用高原藏区的好阳光、好空气、好土壤的自然生态优势，发展高原生态农业，建立起“园区 + 投资公司 + 龙头企业 + 农户”的现代农业产业园区发展模式，带动当地群众经济收入与生活水平的大幅提升。

根据各地条件和资源的差异，中粮集团先后在黑龙江绥滨县、延寿县，西藏洛扎县、甘孜县，新疆乌什县等扶贫各县都因地制宜开展了产业扶贫项目，形成了“一县一策”的精准产业扶贫模式。

中粮集团挂职干部、曾任新疆乌什县挂职副县长两年的孙慧生向记者介绍，在乌什县，中粮集团利用当地番茄种植的优势，以“农户 + 合作社 + 企业”的模式，发展番茄加工产业，不仅保障了农民的种地收益，还不断延伸产业链，在当地带动了番茄采摘、运输、销售等环节，多年来，保障着当地群众的持续稳定增收。

与产业扶贫相结合，中粮集团还充分发挥中粮我买网作为唯一央企电商的优势，形成贯穿上中下游的扶贫产业链，有力地推动了贫困地区农产品的电商化，让贫困地区特色农产品及产业化成果，从深山边陲走进了千家万户，开拓了长期稳定扶贫及当地产业创新转型的新通路。

志智双扶，改变风貌

“我干了这么多年农业，今天真是没白来，听完陈涛总这一课，我总算是把农业产业化给搞明白了！”“是啊，之前我一直担心，农业产业化怎么搞，这次算是有方向了！”……绥滨县农业农村局的同志们听完中粮贸易农业产业化部总经理陈涛的课后，意犹未尽，一起围了上来。

这是 2019 年 4 月份，绥滨县政府为当地县农业农村局、县 9 个乡镇主要负责人、县合作社代表、县种粮大户等做农业产业化发展模式、农民增收、种植品种选定、粮食银行等问题进行培训和解答的会议场景。

扶贫和扶志、扶智相结合，通过培养贫困群众发展生产和务工经商的技能，培育贫困群众依靠自力更生实现脱贫致富意识，充分调动起贫困群众自身的积极性、主动性和创造性，是中粮集团扶贫工作的另一项重头戏。

中粮集团挂职干部、新疆阿克苏地区乌什县阿克托海乡麦盖提村第一书记孙慧生向记者介绍，为了帮助村民加强工作技能和语言交流能力，村里长期坚持举办"夜校"，传授生产技能及语言交流能力。而且每周一还会举行全村宣讲会，进行扶贫政策和扶贫知识的讲解，获得了当地村民的积极响应。经过学习具备了相应能力的村民，还可以进入中粮集团在当地的工厂务工，收入获得了稳定和大幅提升。

"勤劳的人吃羊腿，懒惰的人喝凉水。"在孙慧生等中粮集团扶贫干部的带动下，这句当地流传的俗语，也已经成了当地群众的口头禅。积极主动地勤劳致富，成了每个人的努力方向。

帮助贫困人口子女接受教育，阻断贫困代际传递，让每一个孩子都对自己有信心、对未来有希望，是扶贫扶智的重要一项。对此，中粮集团不断投入，持续推进教育精准脱贫。

在成都，中粮集团建立"中粮可口可乐石渠爱心驿站"，通过"花儿朵朵"爱心援助公益活动资助石渠县贫困学生完成学业，并追加投入100万元购置电暖气投放到学校教室和学生宿舍。

2019年，中粮集团在青海门源县安排500万元援助资金，支持门源县学前教育条件提升改善，为村级幼儿园购置教具玩具、师生课桌椅等。中粮集团旗下中国纺织在江西修水县建立的中纺爱心希望小学（双井小学）解决了周边山村200余名农村留守儿童"上学难"的问题。

深入农户，鱼水情深

"脱贫路上一个都不能少"，中粮集团瞄准建档立卡贫困户，把扶贫政策精准滴灌到每家每户，迅速改变了群众的贫困现实和生活面貌。

更沙村是石渠县西南部的一个偏远山村，当地建档立卡贫困户达洛布一家5口人长年来生活极为艰难。达洛布本人受到过高压电击致三级伤残，不具备劳动能力，二女儿三级智力残疾，三女儿年仅4岁。长期以来，仅靠妻子和大女儿种植青稞勉强维持生活。

中粮集团扶贫干部知道后，前期投入10万元帮助达洛布家解决了土地灌溉问题，随后又购置了两台果蔬烘干机免费投放在达洛布家经营枸杞烘干业务，并帮助达洛布的妻子和大女儿找到合适的工作岗位。现在达洛布一家年人均纯收入达到约一万元，远远超过了人均3750元的脱贫线。达洛布每每见到中粮集团的扶贫干部，都会激动得热泪盈眶，不停地说："卡卓，卡卓（藏语"谢谢"）。"

中粮集团挂职干部、甘孜县觉日村第一书记孟阔，也向记者讲述了自己初到觉日村的经历。

那天，由于尚未适应高原环境和零下20多摄氏度的气温，孟阔在路上滑倒，气短无力，路过的村民把他搀扶进了活动室。过了一会儿，他听到敲门声，开门一看，竟是几位村民拿着青稞面、酥油等来看望他。"一定要尽我所有和所能带领大家脱贫致富，过上好日子！"孟阔暗自发誓。

孟阔发现，因病致贫因病返贫是藏区精准脱贫的一大阻力，于是，他结合当地医院的医疗资源，以健康扶贫为切入点，通过农民夜校宣教、健康义诊、免费体检等多措并举，转变藏区村民的生活饮食习惯，从源头上杜绝因病致贫因病返贫的现象。还结合当地旅游资源、青稞种植及牦牛养殖等，实施精准产业扶贫，一年来，当地经济和生活面貌发生了巨大改变。

几年来，中粮集团各级党委纷纷捐出党费，用于贫困地区的各项建设，把党的温暖以更为朴素和直接的方式带给贫困群众，赢得了当地群众的高度信赖，培育了脱贫致富路上浓浓鱼水情。

（来源：环球网）

社区慈善

交善人者道德成，存善心者家里宁，为善事者子孙兴。

——方孝孺

让流动儿童
融入城市生活

黄浩苑

引言

“每个人都有力量，每个生命都有尊严。”这是记者采访流动工人志愿者时，时不时会听到的一句话。在广东省珠海市新青工业区，流动工人摆脱了被动受助的状态，在社会组织“协作者”的帮助下，成长为志愿者，组织工业区的孩子们参加夏令营、走访困苦的乡亲等，让工业园区充满浓浓的互助之情……在付出中，外来务工人员的心态发生了积极变化，开始真正融入当地社区生活中。

植入“助人自助”理念

这是一个周六的晚上6点，来自湖南郴州的电子厂女工郭传芝接到了丈夫打来的电话：“你们都不在吗？晚饭怎么办？”语气中带有一丝责备。郭传芝温和地说：“和孩子们在‘协作者’呢。你去买点菜先做饭吧。”一听是在“协作者”，丈夫马上“雨过天晴”了。

“过去孩子们一闹我就抽他们一顿。上班已经很累了，回家看到小孩吵成那样，心里烦透了。小时候我们不也是这样被打过来的吗？但在‘协作者’，我学到了怎样和孩子沟通，亲子关系变好了。我老公看到家里变得其乐融融，很高兴，所以尽管他十天半个月才能回趟家，见到我们不在家会失落，但知道我和孩子们在‘协作者’，他就全力支持。”郭传芝说。

郭传芝口中的“协作者”是一个社会组织。“北京协作者”成立于2003年春，是我国内地成立最早的民办社会工作机构之一，致力于提升农民工及其子女等流动人口的生存与发展质量。2008年，“北京协作者”受邀在珠海市斗门区新青工业园建立“珠海协作者”，成为全国最早扎根工业区开展企业社会工作的机构之一。

新青工业园区远离城市中心，近10万流动工人在此谋生。一到下班时间，各大工厂门口瞬间成为全国各地廉价小吃的聚集地，螺蛳粉、煎饼果子、凉皮……各式简易的流动餐车边挤满了来自五湖四海的工人，吃上一份小吃，是他们对自己辛苦劳动的奖赏和单调生活的调剂。正是在这样的环境中，珠海协作者一待就是8年，为这些背井离乡者重建社会支持体系，改善发展环境。

珠海协作者常务统筹杨玳瑁说，8年来，当初投身这一工作的4名开办者没有一人离开，依然坚守。协作者给流动工人带来的最大变化，是通过植入“助人自助”理念，让打工者找到价值感、存在感，从客居他乡到主动融入。

14岁的小青在小学3年级时从老家转学到珠海，面对陌生的环境、陌生的人群、陌生的语言，甚至陌生的父母，她感到害怕。

“不敢说话，不知道怎么和人相处。后来在‘协作者’，哥哥姐姐特意把机会留给我，让我发言、让我做主持，我才慢慢自信起来。现在我也做了志愿者，带领小朋友们开展活动。看到他们就像看到当年的自己，我总是告诉他们：‘别怕，我们在一起，我们都很棒。’”小青说。

流动工人向社区人转变

企业密集的工业园区，虽然其中也有务工人员集中居住生活的地方，但总体上其承担的生产功能更强，生活功能很弱，流动务工人员难以获得在农村生活中熟人社会带来的社会支持和价值归属，这也导致他们流动频繁。在人口红利逐渐消弭和城市化发展进入新阶段的情况下，促进农村新生代移民融入当地，使其不仅以生产者，也以新市民的姿态生活，不仅对流动人口至关重要，也是工业区持续发展的关键。

杨玳瑁说，农民工长期被视为廉价劳动力，是管理和服务的对象，这压制了该群体自身的能动性，排斥了其参与的意愿，常常导致管理服务低效。其实，农民工不仅是经济建设的重要力量，也是社会建设必须依靠的力量。“协作者”通过社会工作服务，推动农民工参与社区生活，使其在享受社会工作专业服务、解决具体困难的同时，培育自我服务与服务社会的能力，由受助者成长为助人者。

来自湖南凤凰的青年女工吴志葵是珠海协作者培养的专业社工。“最开始，我对公益机构根本没有概念，只是想找一个可以看书的地方。因为当时我觉得必须提升自己，否则可能会陷入放弃的心态中。”吴志葵说，那时整个工业区只有一个超市的小角落有书卖，后来工友们告诉我这个地方有书看，就这样我与协作者有了接触。

如今，吴志葵已通过学习和实践，成功通过国家社会工作职业水平资格认证考试，成为真正的社会工作者。“虽然我们现在有发达的通信工具，但是来到陌生城市打工，身边能得到的支持真的很少。我愿尽我绵薄之力，给予身边工友精神的支持和生活的帮助。”吴志葵说。

8 年来，珠海协作者不断创新“团结协作、助人自助”的服务模式，从工人中培养了 300 多名志愿者，实现了从受助者到助人者的转变。工业区务工群体增强了自我服务、服务社区和社会融入的能力，搭建起多元化的社会支持系统。

湖南流动工人邓林涛来广东打工已近 10 年，因为深圳工资高，他离开了珠海，可最后他又回到了珠海新青工业区。“钱多一点少一点真的无所谓，关键是可以有社会的支持，消除打工的孤独感。珠海协作者提供了一个平台，让我能参与到服务流动工人家庭的公益行动中，我感觉很有成就感，也实现了自己想为这里做点什么的心愿。”

让流动儿童融入城市生活

随着流动儿童越来越多，协作者开始把工作重心延展到早期教育，帮助父母增强抚育子女的能力，并推动社会各方支持工业区流动工人家庭和城市融合。

富士智能机电（珠海）有限公司行政人事部经理龙协对此深有感触。这家在珠海工业区发展已经 10 多年的企业发现，外地员工与留守子女间产生的问题越来越影响到工人的工作状态和就业选择，因此他们开始和珠海协作者进行合作。

“协作者教工人怎样成为更好的父母，促使其提升自我修养，这从一个侧面促进了企业工作效率的提高，因此企业愿意让有孩子的工人在工作时间带薪离岗参与协作者的培训活动。”龙协说，一名姓谭的工人，以前从来没和我说过一句话，参加父母培训后，有时在食堂碰到也会和我交流，咨询该买什么书，探讨如何促进孩子健康成长。这打破了 10 多年来基层员工和领导的隔阂，这样的文化氛围正是企业乐见的。

珠海协作者为工业区流动工人及其子女融入城市生活付出了许多努力，成为首批全国企业社会工作试点单位、首批全国社会工作建设示范单位、广东省社会工作专业人才重点实训基地和珠海市5A社会组织。

声名鹊起的同时，珠海协作者其实也面临不少挑战。“最难的还是筹资。作为一线的草根组织，工业区地处偏远，公益资源空间有限，而很多部门和企业对社会工作服务认识不足。尽管这些年政府开始购买服务，但社会组织也多了，而且良莠不齐，我们的生存空间有时甚至更加逼仄。”杨玳瑁说。

（来源：《半月谈》）

用稻草编织
社区幸福生活

宋西桐

引言

在缺乏丰富的自然景观及农业生产资源的条件下，将发展文化产业（文创产业）和乡村旅游业作为吸引游客的主要亮点，并通过唤醒社区居民参与意识，以及后续的有效经营，将社区资源及社区居民串联起来，形成了一套特有的社区生态策略。

台湾地区社区发展工作从1968年开始有计划性地进行推动，30多年来造就了近6000个社区，其中绝大多数为乡村社区，不论在硬件设施还是服务软件的提供方面都有长足的进步。虽然在漫长的推动过程中也出现了不少问题，例如一些社区因过分依赖上级有关部门的补助经费，被动地进行社区营造工作而被诟病，但是也有许多社区营造发挥了积极作用，成为台湾社区营造的典范。

台湾宜兰县冬山乡珍珠社区曾经是一个既没有突出的自然风光和人文景观，也没有珍贵特产的平凡农村。自2000年开始积极进行社区营造，通过大胆聘用专职社工员，全力争取政府补助，充分掌握社区资源、调动社区力量，全方位展开社区营造工作，最终以稻草工艺品与竹围民宿为杠杆撬动乡村经济，将“产业文化化，文化产业化”的理念一以贯之，将一个平凡农村营造成一个璀璨亮丽的新风貌农村。

珍珠社区在缺乏丰富的自然景观及农业生产资源的条件下，将发展文化产业（文创产业）和乡村旅游业作为吸引游客的主要亮点，并通过唤醒社区居民参与意识，以及后续的有效经营，将社区资源及社区居民串联起来，形成了一套特有的社区生态策略。

历史沿革

珍珠社区曾以台湾原住民为主，珍珠社区古称“珍珠里简”，系平埔族噶玛兰三十六社之一。由于当地主要以农业为主，几乎没有工业或当地产业能够提供持续就业，特别是在全球化的影响和台湾加入 WTO 之后，对农业的冲击以及大量青壮年劳动力外流，使得珍珠社区必须通过发挥自身优势以促进社区发展。

为了促进社区发展，政府于 1989 年为社区委员会的成立提供资金，并在 1994 年正式注册成立珍珠社区发展协会，在社区发展中逐渐发挥了重要的作用。从 2000 年开始，协会的工作向更广泛的领域展开，目前社区仍以当地居民、老年人为主，他们通过发展民宿休闲产业，融合当地独特的自然资源优势，为当地发展开辟出了一条全新的道路。

珍珠社区位于冬山乡偏东、冬山河中游两岸，隔邻有南兴、补城、武渊、群英、永美、太和等村，距离武佬坑（绿色博览会举办地点）有 3 千米，距离冬山河清水公园约 4 千米，距离罗东运动公园约 5 千米，冬山车站距离珍珠小区 3 千米。此外，珍珠小区内部亦有北回铁路及台九省道经过，交通便利是珍珠社区发展旅游业的一大优势。

冬山河为境内重要资源，靠近冬山河森林公园的珍珠社区自然资源丰富、土壤肥沃。社区内以种植水稻为主、蔬菜为辅，社区内美丽的田园景观适合发展文化、休闲农场、民宿等观光产业。

横空出世的“精美稻草”

进入珍珠社区的稻草工艺馆，一只硕大的“金猴”便引得游客纷纷拍照留影。稻草猴以稻草为毛，一身金黄色，红色脸庞，涂红色口红，活灵活现，表情似笑非笑，还幽默地把猴屁股喷上红色，让人会心一笑。

稻草作为稻谷收获以后的副产品，受时代变迁影响，稻草造纸、草荐、草绳、草鞋、洋菇等产业逐渐消失，稻草沦为废弃物。珍珠社区将昔日当作肥料就地焚烧的稻草“化废为宝”，发展稻草工艺，主要产品包括稻草面具、稻草纪念物、稻草彩绘面具及稻草画等。他们在举办大型社区活动的同时，将社区的相关资源进行搭配，以文创产业带动旅游业，发动社区人人参与，激发社区活力。

充分运用社区资源。利用社区大学、国中、小学进行工艺教学活动；配合政府资源进行文化产业的发展。例如借助文建会补助开展“稻草面具手工艺培训班”、与青辅会合办“珍珠童玩营”，借由劳委会永续就业工程计划的推行，引进人才进行稻草、风筝工艺的生产及研发等。配合博物馆的成立展示稻草、风筝工艺产品：如稻草工艺馆、风筝体验馆或传统艺术中心的成立，使得社区增加展示的窗口。

节庆活动拉动社区活力，通过多种渠道传播推广。策划举办大型户外活动，如稻草龙游街拜年、风筝及稻草艺术节；以社区发展协会的报纸为主要媒介，同时与台湾各大纸媒合作，例如《联合报》《中国时报》《自由时报》，刊载报道社区活动及旅游宣传。此外利用互联网方式，通过网站的设立及网络新闻的传播进行社区产业营销并提升其知名度。为突显社区形象，珍珠社区以稻草立体工艺呈现传统聚落场景，纪念竹围、竹篙叉、茅草屋、竹篱笆、晒谷稻埕、水井、花圃、菜园等构成传统农村生活空间纯朴之美。

“精美稻草”如何行销成为社区特色

多元化发展稻草工艺产品。稻草工艺产品颇具多元化特点，譬如定期举办风筝节、稻草节、稻草彩绘，以及不断推陈出新地创造新式产品。根据社区行政人员介绍，“宜兰县较有规模的社区主要以珍珠社区以及百米社区较为有名，而珍珠社区相较于百米社区的优势在于珍珠社区的文化产业较为多元，不像百米社区的产业主要集中于木屐。”

通过社区相关产业的发展，辅助稻草工艺的研发。社区其他产业包括风筝工艺、民宿、特色餐饮、自行车体验等均有带来部分收入，在社区经费有限的情况下，其他产业的收益将有助于小区研发较具创意的稻草工艺，使产品能推陈出新。虽然目前稻草工艺所需原料便宜，但其所需人工成本较高，目前稻草产品的定价基本为成本价。

推出“套餐”服务以促销社区产业。社区发展协会经常配合季节以及县内举办的大型活动推出一日游或两日游的“旅游套餐”，在行程中就会安排稻草制作体验的活动，另外，还有包括一些民宿、特色餐饮，等等。此外，珍珠社区也借助由宜兰县举办大型活动如童玩节、绿色博览会等活动，提供相关配套行程，一方面分散大型活动的人潮；另一方面可借此推广珍珠社区产业文化。

借助社区成立的展览馆开拓产品销路。社区发展协会目前在珍珠社区中展售稻草工艺的地点有两个部分，一为稻草工艺馆，另一为风筝体验馆。馆中展览当地具有特色的稻草工艺及风筝工艺，此外馆内还提供游客进行稻草工艺的体验活动，让游客能通过DIY的方式创作自己的稻草工艺品。

扩展渠道增加对外营销窗口。社区发展协会经常借由宜兰县所举办的大型活动来增加对外营销的窗口，例如宜兰国际童玩节、绿色博览会或冬山乡公所所举办的冬山、山水、风筝节等。其在举办的过程中，均会提供协会设摊的机会，以增加产品营销的通道。此外，宜兰县“国立传统艺术中心”的成立，亦提供珍珠小区展览稻草工艺的对外机会，对于小区文化产业的推广，均有很大的帮助。

政策支持。抓住宜兰县政府大力推动观光政策带动旅游业的契机，珍珠社区发展协会积极地将地方特色结合产业发展为社区营造注入活力，因此也使得社区名声越来越高。

目前，珍珠社区通过多元发展的方式发展社区综合产业，产业类型上包括稻草工艺、风筝工艺、小区农场、小区餐厅以及民宿规划等。从稻草产品本身来看，如稻草工艺产品有稻草画、稻草面具、稻草浮雕面具、稻草纪念物、稻草娃娃、稻草编织等。但社区同时也面临经费不足、社区产业多元化导致资源过于分散、人员素质不高、人力不足以及人才流动等突出问题，产品质量也亟待进一步提升。

珍珠社区未来规划通过“企业认养”的方式来寻求外部的资源，或引进社会企业的理念与发展模式，使社区真正具备自我造血的能力。

（来源：《公益时报》）

我是残障人士，我能“脱贫”吗

简　言

引言

2020年是脱贫攻坚、全面建成小康社会的决战之年，但贫困残疾人仍是脱贫攻坚最难啃的“硬骨头”。

有数据表明，国家实施精准扶贫、精准脱贫以来，贫困残疾人数量从700多万人减少到了2019年底的近50万人，仅2019年就净减少120万人。

在脱贫攻坚这场硬仗中，不少残障人士用自己的努力书写了新的人生。他们有的建立了自己的养殖场，有的研究新领域、学习新本领，还有的充分发挥自己的爱好与天赋，成就事业，最终实现脱贫。

脱贫攻坚这条路上，残障人一个也不能少。

2020年5月17日是第三十个全国助残日，今年的主题是“助残脱贫　决胜小康”。

张海迪说：基层贫困残疾人是我们的牵挂，要千方百计帮残障兄弟姐妹早日摆脱贫困过上好日子。追求幸福的路上，一个都不能少。

自强脱贫的残障人士，在最平凡的地方创造生活的奇迹。他们“拼尽全力”的挣扎和勇气，应该被看见；他们的故事，值得记录！

故事01　杨淑亭：天空没有留下翅膀的痕迹，但我曾奋力飞过

杨淑亭，一位“90后”的苗族姑娘。出生在国家级贫困县——湖南省邵阳市城步苗族自治县的一个贫穷落后的小山村里。

意外改写人生

邵阳医专护理专业毕业后，2009 年，杨淑亭顺理成章做了一名快乐的小护士。在 18 岁的年纪里，杨淑亭像所有女孩儿一样，满怀着对美好未来的梦想和希望。

然而，天有不测风云。2011 年 4 月，杨淑亭在一次下班途中遭遇了意外车祸。

躺在重症监护室的病床上，从昏迷中勉强醒来的杨淑亭，隐约记得医生拿着一把小钥匙从她的脚开始划。医生问她："有知觉吗？"她说："没有。"医生接着划到小腿，问她："有知觉吗？"她说："没有。"再到大腿，问她："有知觉吗？"她还是说"没有"。医生这样一直划到她胸口，那时她说了一个字"疼"。

事后杨淑亭才知道，医生当时的诊断是：胸椎 7、8、9 爆裂性骨折，头部裂伤，肺部挫伤，肋骨 5 根骨折。

"我的胸椎爆裂，需要用钢钉和钢板固定。当时，钢钉 1 万元一颗，钢板 1 万元一块。我身上需要植入 9 颗钢钉和 2 块钢板，仅材料费就需要 11 万元。这对于一个贫寒的农村家庭来说，简直是天文数字。我看见父亲在本子上记录着，××1000 元，××100 元，甚至还有 ××50 元。父亲就是这样，一点点凑齐了我的手术费。"杨淑亭说道。

此后，杨淑亭住院长达半年。她从一个健康快乐、对幸福和未来怀着无限憧憬的女生，瞬间变成一个全身不能动弹，连翻身都无法完成，生活不能自理的"大婴儿"。那种心理上的折磨和痛苦，比身体上的残缺更加难以让人忍受。

出院后，杨淑亭被抬回了老家，回到了那个在大山环绕中的小木屋。杨淑亭的父母丢下所有的事情，替换着照顾她。她每天能够做的只是一动不动地躺着。她能够看到的，是木屋四壁因年代久远而泛黑的木板，唯一能透光进来的是一个小如课桌的窗户。

杨淑亭痛苦着，绝望着，感觉自己的青春、自己的生命、所有的梦想都如那间木屋中的黑暗一样，再没了任何的光明，再没有了任何的希望。杨淑亭曾经有过轻生的念头，可是，她却无力翻身去够床头柜上的水果刀。这是最痛苦的绝望，一个人连轻生的能力都丧失了。

7.7 元重燃希望

2012年12月，在受伤一年半之后，杨淑亭在朋友的帮助下，接触到了互联网。在网络上，轮椅歌手、轮椅舞者、轮椅运动员的形象感染了杨淑亭。杨淑亭看到了他们不畏身体的残障，满怀信心和勇气去拥抱生活、去追求梦想，“这让我也重新开始设想自己的未来”。

杨淑亭花了整整一个月的时间，在网上尝试各种机会。那时杨淑亭才刚刚能坐起身，坚持十几分钟就会满身大汗，而必须躺下休息。这样坚持一次下来，也只能挣到几分钱，但她却每天几十次坚持这样坐起、躺下。

花了一个月的时间，赚到了 7.7 元钱。但是，就是这 7.7 元钱，让杨淑亭重新点燃了希望之火，也让她重新找到了生活的意义。

杨淑亭开始认真钻研，一分一毛积累，把她的经验分享给网上聊天的病友们，并建立了病友工作群。出乎意料的是，在一年的时间里，200 多名来自全国各地的残疾人，开始跟着杨淑亭一起通过网络重新自食其力，找回生活的尊严。他们的聊天内容，不再是抱怨，不再是绝望，不再是等待，而是创业经历的交流，是相互的鼓励，是重拾自信后的喜悦分享。这更坚定了杨淑亭自强自立、努力脱贫的信心。

做花开不败的女人

在那段时间里，杨淑亭曾在日记中写道：“我要做花开不败的女人，虽然身体残缺了，也要比完整的自己活得更精彩！”

此后，杨淑亭开始了轮椅上的创业之路。2014 年，她看到仿真花在国内外市场热销，便和残疾人朋友一起开了一家仿真花工艺品淘宝店。这一年，她赚了 40 多万元。她在帮家里还清了所有债务后，还主动向村里申请脱贫。

“我个人脱贫了，但我身边还有很多父老乡亲依然在贫困线上挣扎，我的家乡还是国家级贫困县，我这轮椅代替双腿的脚步可不能停啊！”于是，杨淑亭有了开家仿真花工厂来回报家乡、回报社会的念头。她想要尽力帮助更多需要帮助的人，带动更多的人脱贫自立。

2015 年，杨淑亭和家人在家乡的木屋边上建起了厂房，购置了设备，还陆续招募了附近的乡亲们来工作。厂里面安排不下的，就拿着仿真花配件回家组装，组装好了再送回厂里来。杨淑亭与周边200多户贫困家庭签订合作协议。当年，每家创收1万元以上。

2016年，杨淑亭成立了自己的外贸公司，并增加了箱包项目。为了纪念让杨淑亭重生的那第一笔在网上挣到的7.7元，她给公司起名叫“七七科技”。“七七”，对于杨淑亭来说是起点，是信念，更是一种持之以恒的鞭策。

2018年和2019年，杨淑亭带领着公司的团队前后四次参加广交会，向来自全世界的客商介绍公司的产品。来自五大洲，各种肤色，操着各种语言的客户和合作伙伴来到她的展位和她交流、谈判。

“穷则独善其身，达则兼济天下。”这个出生在一个贫困家庭的苗族姑娘，从小就经历着家庭的清贫和生活的艰辛，更时刻感受着乡亲们那一颗颗渴望脱贫致富的心。到目前为止，杨淑亭的公司共带动了704人增收，其中205人为建档立卡贫困人口，59人为残疾人。

故事02　刘后浪：弯下的是脊柱，挺起的是脊梁

“我的噩梦从12岁开始的。那一年，我的腿无缘无故开始剧痛，必须依靠拐杖才能行走。在14岁那年，我就被迫辍学。后来，病情越来越严重，从腿痛蔓延到背痛，最后全身的各个关节都痛，特别是脊椎也渐渐弯曲。我的噩梦更是我父母的噩梦。”四川省达州市刘后浪患有强直性脊柱炎，12岁那年人生发生了很大的变化。

父母背我的那段日子

刘后浪的父亲曾是村上碗厂的一名员工，母亲在家务农。为了给刘后浪治病，当时他的父亲一个人就做了4个人的活，他的母亲和4个姐姐也经常被叫去碗厂帮忙，以挣取他的医药费。

“曾经有一段时间，我的父母每周都要背着我走40多公里的山路去重庆梁平治病，父亲累了就换母亲背，母亲累了就换父亲背。”刘后浪说。

22岁那年，在成都的一家医院治疗时，刘后浪才知道他的病有一个专业的名字，叫“强直性脊柱炎”。经过4个月的住院治疗，最终，刘后浪丢掉了拐杖。

23岁，刘后浪第一次坐上去东莞的火车，希望能找到一份可以谋生的职业。

先后去了玩具厂、模具厂、制衣厂，但却处处碰壁，遭到拒绝。刘后浪不得不待在东莞的四姐家帮助照看小卖部。

2008 年那一年刘后浪的父亲被查出患有淋巴癌，作为独子的刘后浪因此回到老家，全身心地照顾父亲。

不能等、靠、要，不能当贫困户

当面对因治病而负债累累的家、被癌症折磨得枯瘦如柴的父亲，以及因操劳过度而面容憔悴的母亲，刘后浪决定为家庭分忧。

农村有句俗话叫“靠山吃山，靠水吃水”。刘后浪家周围就是大片的荒山，长满了青草，特别适合养殖山羊。于是抱着试一试的态度，2012 年下半年，刘后浪在附近的乡镇购买了 6 只小山羊开始试着养殖。接下来，他每天的工作就是赶羊上山—放羊—赶羊回家。但是山羊天性活泼好动，一上山就到处乱跑。加之刘后浪行动不便，在赶羊的路上不是摔到这里、就是碰到那里，没几天，手上、腿上到处紫一块青一块。

2013 年，刘后浪决定修建圈舍，扩大养殖规模。但是由于资金不足，所有的事情都只能靠他自己。没钱请人来帮忙平整土地，别人都是用挖土机，而刘后浪只能和 70 多岁的老父亲用锄头一点一点地挖。200 平方米的圈舍所需的木材硬是被他们从山上一根一根地抬回来的。然后，一砖一石地砌，一钉一板地锤，双手都磨起了血泡。夜里时常听到老父亲咳嗽，心里感到特别内疚，于是硬是给自己下了一个“目标”。

接着他东拼西凑借钱购买了 20 多只山羊，流转了村里的 50 亩荒山。随着养殖规模的扩大，一系列新的问题又出现了。这些羊经常跑去吃别人的庄稼，刘后浪不得不起早贪黑从山下砍竹子一根一根地拖到山顶，编成栅栏，打桩围护。“每到母羊生产的时候，我就整天待在羊圈里，接生羊羔、护理羊羔，时刻都守在母羊身边，羊羔成活率达到了 99% 以上。”刘后浪很欣慰地说。

不是因为看到希望才坚持

不是因为看到希望才去坚持，而是因为坚持才看到希望。到年底，有 14 只山羊出栏，这是刘后浪收获的人生中第一桶金。虽然钱不是很多，但却坚定了刘后浪在养殖这条道路上继续走下去的信心和决心。

有一天下雨，刘后浪在家正在为扩展养殖业购买山羊的资金发愁时，镇农信员为刘后浪讲解了申请无息贷款的政策。在农信员的帮助下，刘后浪很快就准备好了相关资料，没几天就拿到5万元的无息贷款，解决了刘后浪的燃眉之急。有了人力、物力、财力的支持，使刘后浪发展养殖的信心更足了。

一次偶然的机会，刘后浪到重庆一家养殖场参观，在那里看到了一个他从没看到过的物种——豪猪。经过与养殖场老板的深入交谈，他了解到豪猪不仅饲养方便，而且利润可观。在参观结束离开时，他决定买两只豪猪回去试养。刚开始刘后浪根本不懂专业养殖知识，一味地催肥，导致豪猪难产。

通过这个事件，刘后浪认识到要当好一名专业的养殖户并不是那么容易，得多学相关知识才行，而怎么学，去哪里学呢?

这时，达川区残联和万家镇党委政府向刘后浪伸出援助之手，多次主动邀请刘后浪去参加养殖技术培训班，并安排了镇上畜牧站的专业技术人员对刘后浪进行一对一技术指导。为了尽快掌握羊群的生活习性，刘后浪白天放羊，晚上就将床搭在羊圈旁，与它们相伴而睡。同时，刘后浪每天还要分出一些时间观察豪猪的饮食情况和生活习性。

脱贫路上自己才是“主力”

“脱贫奔小康路上，帮扶只是外因，自己才是主力。如果只靠帮扶，只能富一时，不能富一世。”“有梦想就会有希望，只要我们团结一心，撸起袖子加油干，不抛弃、不放弃，我们就没有战胜不了的困难，就没有迈不过去的坎，我们就一定能打赢脱贫攻坚这场硬战！”这是村上广播播送的区委区政府致贫困户一封信里的内容，刘后浪听到后非常感动。

脱贫路上，虽然遭受一次又一次的打击和失败，但刘后浪的养殖业发展得越来越好。2017年，刘后浪顺利脱贫。

目前，他的养殖场的圈舍扩建到了400多平方米，规模养殖山羊200多只、豪猪100多头，所有的饲草饲料也都有了固定的堆码场所，并且有了独立的消毒室。2019年一年，养殖场收入达到12万元，他偿还了所有的债务。

刘后浪平时喜欢唱歌，这也是他的一种生活态度。放羊的时候羊悠悠吃草，他就在它们旁边仰望天空，或对着沉默的大山，或看着坡下流淌的小河，大声歌唱！“感谢命运，花开花落，我一样会珍惜。”每当唱起这首《感恩的心》，刘后浪就会想起那个曾经跌跌撞撞、摇摇晃晃的自己，如今也能走出精彩的人生。

2019 年 3 月，刘后浪收获了他人生的第一份爱情。经镇残联同志介绍认识了他现在的老婆莎莎，她是邻近乡镇的残联专干，从小患有小儿麻痹症。遇到她之前，刘后浪沉默寡言，有些自卑；但是遇到她之后，刘后浪变得阳光开朗，变得自信了。他们在一起常常为彼此加油打气，共同面对生活的磨难。今年，在莎莎的鼓励下，刘后浪准备借力乡村振兴的发展机遇，再去流转几十亩土地，放养黑鸡、桶养蜜蜂，和她一同播种梦想、种植希望。

（来源：《发展简报》）

小善大爱

征服人心灵的是心灵本身。

——傅　雷

最美“摆渡人”，当代新青年

王友海

引言

2020年，新冠肺炎肆虐，武汉封城，忧虑和恐惧笼罩在国人的心头。

在生者的尊严受到威胁的极端环境里，10位勇士尽自己的最大努力，给予逝者最后的尊严。

他们把遗体接到殡仪馆，给逝者鞠上最后一躬。“虽然没有家属的陪伴，但是至少最后还有我们。”

他们习惯在人们悲痛的时刻挺身而出，在人们欢乐的时候悄然退去。他们是亡灵的爱佑天使，是逝者通往天堂的“摆渡人”。

他们，是当代最美新青年。

序

2020年2月6日，应武汉市民政部门支援殡仪一线的征召请求，湖北仙鹤湖湿地园和爱佑汇武汉分部的10名志愿者（第一批9人，后补充1人，组成10人志愿分队）闻疫情而动，当晚即完成小分队组建和动员会。2月7日一早，小分队奔赴抗“疫”前线，增援武汉的殡仪馆遗体接运工作。

在2月7—29日的23天里，10名志愿者紧张地参与到一线疫情的援助工作中。极端环境里的工作令这些本已见过生命终章的人，对生命有了更为深刻的理解。

在生者的尊严也受到威胁的极端环境里，他们尽自己的最大努力，给予死者最后的尊严。

以下的日记是这些志愿者支援殡仪馆的所见所闻所思。它们记录下了此过程中的生动故事，还原了真实的武汉遗体接运现场。每个故事都包含着他们对生命的关爱与尊重，都在诉说人间的悲欢与冷暖。

日记一 体力与心理的极限考验

支援武汉殡仪工作的头天一早，我们被通知要出现场。走之前，公司领导一直嘱咐要做好防护，戴好口罩，但是殡仪馆能配备的装备，只有工业用的防护服和泳镜。

我们穿防护服，戴上口罩和镜子，互相看了一下，和电视里医生穿的不大一样，可根本没时间想太多，就跟着工作人员去接运遗体了。后来想起，有点害怕，毕竟我们接触的每一个逝者，大多是传染性极高的“毒源”，他们的家属往往也都被感染了。

好在，很快公司就为我们和殡仪馆捐赠了最好的防护物资。终于能够有和医护人员一样的防护装备，我们心里轻松了很多。

接触逝者，对于我们几个人来说并不陌生。我们爱佑汇的伙伴，本职工作就是和逝者打交道。但说真的，我们从来没有想过会这么短的时间内，整批地遇到这么多逝者。刚开始我们有点吃不消，晚上睡不着，身体很累，可就是不困，心堵得慌。有的伙伴特别想给家里人打个电话，问问父母有没有口罩，嘱咐一下他们不要出门。大家从来没有像现在这么想孩子、想父母。

进入疫区后，不管是因新冠肺炎死亡，或其他原因逝世，我们都需要全副武装地去接运。每次都是去医院或者逝者家里接上逝者，运回殡仪馆。一般每次是要接运好几个逝者。我们都 24 小时待命。不敢多喝水，因为一旦穿上防护服，差不多要四五个小时才能一个来回。

最耗体力的是到逝者家里面接运。有的逝者生前生活的是老小区，没有电梯，我们只能从楼梯一步步抬着甚至扛下来。

有一天，我们接运了一个体重 300 斤的逝者，他的体宽已经超过了担架宽度，我们只能咬着牙抬下楼。从 8 楼下来时，我们已经浑身发软，到晚上睡觉，浑身都酸疼。即便是有电梯的小区，也有很多需要扛抬着遗体，因为电梯的轿厢太小，放不下担架。在这个过程中，我们还要尽可能不要触碰楼梯，免得给其他人增加危险。

由于武汉当时封路封小区，我们把逝者扛下楼之后，还要扛着逝者再步行一两公里，才能将逝者运送到停在街上的殡仪车里。一次出车，往往需要接几个逝者。我们穿着包裹严实的防护装备，几个来回下来，腰酸背痛，浑身湿透，极度疲惫。

说实话，这是对体力和心理的极限考验。但是，在武汉疫情的战斗面前，我们总得做点什么，也必须得做点什么！这是我们当初要来支援时的想法，我们也最终以行动实现了它。

日记二　哪怕家人都躲了，我们也必须上

一天晚上，曹建松组接到任务，到一个小区接运一具遗体。逝者是从高处坠落，摔在了灌木丛中。遗体还算完整，但是骨头错位严重，附近都是灌木树枝，装到尸袋里非常不容易，需要工作人员小心翼翼地去搬。

逝者的家人离得很远，都不愿意靠近，害怕被感染。我们刚抵达的时候，防疫站的人正进行防疫消毒。之后，我们把遗体抬出，进行遗体上车之后的常规消毒。但上车后，司机发现工作人员身上沾了血渍——沾了血渍就有传染的危险。于是，司机让工作人员赶紧下车，对各自的防护服重新做了消毒。

王敏组到了另一个现场。不承想到了逝者家里，家属竟然只把门打开，自己远远地躲在门外，让我们殡仪工作人员和防疫人员进去处理遗体。那一刻，我们突然感到了人性的凉薄，也感受到自己职业的温情。

哪怕亲人都远离了他们，我们依然是逝者的“爱佑天使”，守护他们走完最后一程。

日记三　家属跪别，很想抱抱他们

那些天，我们被各样的感情冲击着，既看到了悲凉，也被浓浓的爱意感动。

有一天，刘奇组去中心医院接运遗体。当我们把逝者放到冰柜时，看着家属在门口痛哭磕头，“砰砰”的声音特别响，就像击打在我们的心口一样。

寒冷的冬天，空旷的街道，孤零零地跪在门口的人，头发被吹得凌乱不堪。这个画面直到现在，还常常在我们脑海里回荡。

还有一天，罗瑞组去接一个孩子遗体。是个 10 岁的女孩，患白血病去世。我们要把孩子接走时，孩子父亲的眼里充满了绝望。当我们告诉他，按规定，未成年人火化后没有骨灰，家属也不用到殡仪馆来领骨灰时，那位父亲的眼泪瞬间决

堤。在那一刻，一切安慰的话都是苍白的，只想抱抱他。赵金龙告诉孩子父母，他会亲手把孩子认认真真地送到火化炉，祈祷她来世不会被病痛折磨，能更多享受人世间的美好。遗体要带走时，孩子父母一边流泪，一边不住地感谢我们。那一刻，我们都觉得心里特别的暖。因为我们接走的不是一具冰冷的躯体，而是一个灵魂和一个家庭的牵挂。

还有一次，我们去接运一个遗体，家属特别可怜。逝者 34 岁，是这家的儿子。我们去逝者家时，看到一位老父亲。一开始，老父亲还很淡定。等我们装好了遗体，让他写名字的时候，老人家崩溃了，手颤颤巍巍，他说："我蒙了，你们能不能替我写名字？"赵金龙让老爷子节哀，帮他写好了名字。白发人送黑发人，非常凄凉的一幕。

几天下来，身心的巨大冲击没有打垮我们，反而激起了我们的被需要感。平时我们经常会被忽视、被歧视，但在今天，我们感到自己特别重要，因为我们也能为抗疫的战斗贡献一分力量，哪怕只是对逝者家属的一点点安慰。

每次把逝者接到殡仪馆，我们一定会给他们最后鞠上一躬，虽然他们没有家属的陪伴，但是至少最后还有我们，给了他们最后的温情和尊严。

也许我们能做的事情很有限，但来此时此地，做点事也许能改变点什么。

我们一直没觉得自己有多勇敢，有多能担当，我们只是想做点事情，大家都做点事情，情况总会有些改变。

日记四　送别英雄，新生降临，疫散花开

疫情终于慢慢控制住了，从我们不断减轻的工作量上已经明显感受到了，我们心里也渐渐放松了一些。殡仪馆院里面的草绿了，花开了，武汉终于要守得云开见月明了。

然而有些人还是没有等到春天的太阳。2 月 20 日凌晨 2 点半，刘奇组在金银潭医院接运了一个逝者——武汉江夏区第一人民医院呼吸与危重症医学科医生彭银华。这位只有 29 岁的抗疫一线医生，推迟了原定正月初八的婚礼，出征抗疫战场，不幸在大年初一染病，抢救了 27 天后还是永远离开了。那份未发出的婚礼请柬永远被他锁在了办公桌的抽屉里。第二天看到他的报道，我们都感到心酸，唯愿英雄一路走好，天堂里没有病毒没有疾病。

又到了例行的身体检查，不过大家都很淡定，我们相信自己的防护是严谨、仔细的。

第二天，整个志愿分队沉浸在巨大喜悦中，团队中唯一女性李琼在头一天的例行体检中，意外发现怀孕了！

这个1995年出生的准妈妈一下子陷入了巨大的喜悦和不知所措中，志愿分队和后方团队都为这新生命的到来兴奋不已。是啊，在疫情笼罩的武汉，在这个送别逝者的殡仪支援团队中，还有什么比新生命的降临更让人生发无尽希望的呢！

公司领导和志愿队成员都希望李琼撤下来，保护好身体，但是李琼在征得相关专业意见后，还是决定做好安全防护下继续坚守，她希望和我们一起等到胜利的那一刻。现在我们是11个人在战斗，疫散花开的日子已经不远。

2月29日，接到殡仪馆的正式通知，此次支援任务终于要结束，全体进入健康检查和隔离待命状态。23个日夜，每天工作12小时以上，终于要为这段注定铭记终生的日子画上句号了。

在无数支援一线的志愿者中，我们的工作很普通、平凡，但这短短的23天，注定将在我们的生命长河中留下不凡的色彩。

日记五　志愿心语：在黑暗处守护光明是我们的使命

殡葬志愿小分队是一个十分年轻的群体，由7名“80后”和3名“90后”组成。10名成员分别是：

曹建松，“80后”，湖北天门人

李琼（女），“90后”，湖北荆州人

赵金龙，“80后”，湖北嘉鱼人

刘奇，“90后”，湖北仙桃人

王敏，“80后”，湖北武汉人

罗瑞，“90后”，湖北嘉鱼人

程锐，“80后”，湖北嘉鱼人

陈亮，“80后”，湖北仙桃人

严细斌，“80后”，湖北鄂州人

吴铭，“80后”，湖北黄冈人

以下是他们的志愿心语，没有华丽的语言，他们在用切实的行动实践自己的期望。

曹建松： 其实在任务期间我一直没有告诉我的家人我在忙活什么。每天进疫区背逝者、告别、火化，我似乎把这辈子的生死都经历了许多遍。我们是殡葬人，我们就是“灵魂摆渡者”。在黑暗处守护光明，是我的使命。

李琼： 我主要负责殡仪馆的骨灰清点和数据档案类的整理工作。日常工作中，目之所及都是一堆堆的白骨，经常有人问我“你害怕吗?”没有害怕只有敬畏，他们生前也是每个家庭最挂念、最珍贵的亲人。特殊时期，我能做的就是怀着一颗敬畏之心，为他们站好最后一班岗。我希望能够带给家属最后的一丝慰藉，让每个人的灵魂都能安然地去往天堂。

程锐： 以前在我心目中从事殡葬行业的人员都很神秘。虽然我不太忌讳，但是也从来没有想过会与这个行业有所交集。这次有机会参与到志愿团队，我了解到原来这个行业也可以这么有温度、有热情、有大爱。我很高兴与他们一起成为“灵魂摆渡人”。

严细斌： 家里人知道我在武汉做殡仪志愿者后，非常担心，跟我打过很多电话和视频，要求我马上回家。但是没有大家哪有小家！我想这个道理谁都懂。我是个退役军人，国家有难，应该冲在第一线，所以我选择留在武汉。这 23 天让我明白了生命和亲人的可贵。我希望国家早日打赢这场无硝烟的战争。

赵金龙： 在这次抗击疫情的过程中，我们遇到了一些家庭的不理解，也有人对我们望而生畏，因为我们所去的地方充斥着病毒和死亡。说实话，在这个和平时代，有些时候我们自己也很难接受。但是国难当头，当有取舍，我们必须坚强，必须勇敢。我希望每个人珍惜每一天，不留遗憾。

刘奇： 参加这次任务，我心里压力也蛮大的，毕竟我自己的孩子还很小嘛（注：孩子刚两岁）。但是我们这个职业就是去做别人嫌弃、不敢做、害怕做的事，而且还要做好。作为一名退伍军人，退伍时说过“军人要退伍不褪色”，我要继续发扬军人的优良作风。每个人活着的时候都是独特的灵魂，当他离开的时候，也应当体面、有尊严。

罗瑞： 每次接触遗体的时候，我的心都会受到触动、感到震撼，感觉生命的可贵和脆弱。在很多家人无法参与的告别过程中，我们作为殡葬人要恪守职业素养，把专业的服务和爱心传递到那些家庭中去，抚慰他们的心灵。通过这次任务，我发现人真的没有理由不去敬畏生命，珍惜我们拥有的平淡和健康。

陈亮：我为那些在一线每天争分夺秒抢救病人的医护人员而感动，也为我们这些在幕后的“殡葬摆渡人”而骄傲。我想告诉周围的人，除了医生、护士、军人，殡葬人也是很可爱的，因为我们在用自己的生命，守护每个逝者的尊严。

王敏：作为一名退伍军人，我们更应该不忘初心、牢记使命，为打赢疫情防控战役贡献自己的一分力量。

吴铭：我是一名开发部的工程师。作为一名殡葬事业的建设者，我们的开发建设并不是做冰冷的墓地，而是通过打造有灵魂的纪念园，提供有温度的服务，让逝者安息，让家属放心。

他们是通往天堂的“摆渡人”

陈　平

这次新冠肺炎疫情，我们看到了白衣天使的救死扶伤，看到了人民子弟兵的星夜驰援，但是很少有人看到殡葬人的默默付出。

如果说医生是生者的白衣天使，殡葬人就是亡灵的爱佑天使！我们身边就有这样的爱佑天使：10个年轻人，7个“80后”后，3个“90后”。

当武汉成为中国逆行者的坐标时，他们选择了冲向最危险的阵地——接运逝者遗体，送他们最后一程。当大家享受春节假期，与家人团圆的时候，他们已经穿梭在武汉的大街小巷和各大医院；当大家不能出门、不敢和陌生人交流的时候，他们却在为死难者的遗体进行清理，和有可能感染了的死难者家属进行密切接触；当大家对遗体感到无奈甚至恐惧远离的时候，他们却要为每一具遗体清理污渍，整理遗容。他们和逆行的医生、护士、军人一样，不能被忘记，在这个冬天的武汉！

为切断传染源，武汉抗疫期间，无论是因病去世还是自然死亡，一律不允许家属参与殡仪馆的遗体告别。这意味着特殊时期，所有的逝者都将在没有亲人的陪伴中走完在人间的最后一程。这个时候，陪伴他们的就是这群可敬的殡葬人。他们为他们鞠上最后一个躬，为他们整理最后的仪容，为他们默默送上最后的哀悼。

他们都是父母眼中的“乖儿女”，是幼子心中的“好爸爸”。也许在长辈的眼中，他们还是一群孩子。然而，当疫情突然而至，当召唤临到身边，他们没有退缩——武汉有我，“不计报酬，无论生死”，不仅是医护的誓言，也是殡葬人共同的心声。

遗憾的是殡葬业常常被人忌讳和边缘，殡葬人常常被误解和歧视。他们无论作出多大的付出和牺牲，都很难获得赞扬和喝彩。无论社会和家庭多么离不开他们，都很难被认同和亲近。“让每个生命都能有尊严地离开！”2020 年抗击疫情的武汉，让泰康的这句承诺特别有力量和分量。

爱佑天使，最美“摆渡人”，他们习惯了在人们悲痛的时刻挺身而出，在人们欢乐的时候悄然退去。他们从来没有因自己的职业而感到低人一等，他们唯一的希望就是全社会不要嫌弃这些帮众生通往天堂的“摆渡人”。

（来源：泰康保险集团股份有限公司）

5年，他让光照进了那个不爱说话的小男孩心里

中国扶贫基金会

引言

自从加油课开始，光照进了他的世界，不爱说话的他身上充满了音乐细胞，不曾说出口的话在歌曲中唱了出来。慢慢地，他从不主动说话，到加油课上变得积极，从在加油课上有了活力，到在学校拥有了更多朋友。

2015年，22岁的王明大学毕业，行囊一背就来到了镇雄县雨河镇小洛小学。镇雄县是云南人口第一大县，也是深度贫困县，20多万贫困人口让这里的发展步履维艰。

王明是土生土长的云南本地人。他太了解实际情况，无视朋友的不解和劝阻，拒绝了大城市的工作和丰厚的薪水，一头扎进这个贫困发生率17.59%的小乡镇，在这里的小学一干就是5年。

最初，家人朋友说，以后你肯定会后悔。5年后，王明却说，我只后悔没有早点来到这些天使身边。

学数学出身的语文老师

每到周三和周五下午，王明班上的孩子们都异常开心，因为只要不下雨，他们就可以在阳光明媚的操场上上加油课，全校同学都喜欢的王老师，会带着他们一起做游戏。

对于王明来讲，加油课的形式非常丰富，室内室外活动多种多样，而孩子们则更热衷于在操场上跑动，红扑扑的脸蛋和因为运动发热出的汗，仿佛给这里贫困的生活添了几丝火热的气息。

而在加油课之前，这里的孩子还没有那么爱笑。学数学出身的“90后”年轻

教师王明也没想到，自己在这里首先成为一名语文老师。

因为师资力量短缺，这里每个老师都是“全职高手”，孩子们少了哪一门课的老师，你就得顶上来负起这个责任。

王明想或许可以做点什么，给孩子们一个不一样的未来。

带着这样的信念，2 年前，加油计划项目落地小洛小学。其中加油课极为特别，也深受孩子们的喜爱。一个个加油包、运动包、阅读包送到孩子们手中，在各种精心设计的活动下，孩子们被现实束缚的心灵得到滋润，自尊心、耐挫力、创造力、团队合作能力以及建设性交流的能力不断被提升。加油课让小朋友体验了不一样的课堂魅力和艺术，加满活力和幸福的“油”，给孩子们一个快乐成长的机会，也给他们一个改变命运的转折。

从那之后，一边带二年级和五年级的语文课，一边每周 1 节加油课，“不会解数学题的语文老师不是好的音乐家”，成了他调侃自己常用的话。

一、二年级的孩子们由于年纪比较小，管理起来难度很大，王明每次上课都有十几分钟时间是在维持纪律。通常，王明喊：“大家都站好队，今天老师带大家玩个好玩的游戏。”然后孩子们就渐渐停止喧闹，眨着明亮的眼睛听老师说今天加油课的活动。

从不墨守成规的王明每次都有新点子，在手机上看到有趣的视频和好玩的游戏，都在加油课上带孩子们实践，那些在大城市司空见惯的网红歌曲和舞蹈，在这个小乡村也给孩子们带来欢乐。

让光照进了那个不爱说话的小男孩心里

白健是班上最孤僻的孩子，父母常年不在身边，小小的他总是默默蜷缩在一个角落，世界在他这里似乎分成两半，一半是其他孩子凑在一起嬉笑打闹，一半是他自己默默无言安静木讷。

光照进他的心里，是在一个明媚的午后。在操场上，孩子们根据王明老师的要求，手拉着手，肩并着肩，学习如何通过合作取得游戏的胜利。面对这种从未有过的课堂形式，每个孩子都充满好奇，白健也不例外。

起初，白健并不能很好地融入大家，但是听到老师带着大家互相鼓励着说“加油”，他渐渐鼓起勇气，加入了身边的小伙伴。“你说我画”“人椅”，每个游戏都是经过老师精心设计的。

“加油！加油！”

孩子们鼓掌的声音和喊“加油”的声音不断地激励着白健，也治愈着他的心，他不再胆怯，渐渐放开了自己。

原来这就是加油课呀。

自从加油课开始，光照进了他的世界，不爱说话的他身上充满了音乐细胞，跟着音乐打拍子陶醉在旋律中，不曾说出口的话在歌曲中唱了出来。慢慢地，白健从不主动说话，到加油课上变得积极，从在加油课上有了活力，到在学校拥有了更多朋友。

这一切王明看在眼中，内心十分触动。做加油课就是希望孩子们更加快乐，能发展一些特长，这些对于他们以后的成长非常重要，还或许是改变孩子们一生的起点。

音乐给孩子们的心灵插上了可以飞翔的翅膀

王明所在的学校有 240 多个孩子，其中有 160 个是留守儿童。由于父母常年不在家，孩子们从小就敏感自闭，甚至有抑郁的倾向。

无忧无虑的童年是每个孩子都应该拥有的，王明觉得，自己虽然不能弥补孩子们需要父母陪伴的缺憾，却可以让他们看到另一种可能。

王明的加油课总是充满欢声笑语，他观察着每个小朋友的特点，想让他们在加油课上通过音乐变得自信阳光。

一个小男孩嗓门洪亮，唱起歌来声音也特别大。唱歌的时候，脸庞上总是洋溢着笑容。“你上讲台来面对大家唱这个歌。”王明邀请小男孩走上小山村的“舞台”。一开始小男孩有些害羞，在王明不断鼓励下，他终于走上讲台，面对全班 40 多个同学，唱出了声音。刚开始整个人有些忸怩，一曲唱罢，小男孩笑得很开心。

让孩子们拥有愿意展示自己的自信真的很不容易。对于贫困地区的孩子们来说，这样的自信是非常难得的。而无数如王明一样的加油课老师，正在做的就是培养和守护这份难得的自信。

将音乐融入课堂，让孩子们开口唱歌、大声唱歌，带领孩子们学习加油课的内容。音乐可以陶冶情操，它是一种美妙的表达方式，通过唱歌，让孩子们感受到更多的美好，而这份美好，有修补他们缺少陪伴、呵护的力量，对孩子们身心健康有巨大的作用。这是艺术的魅力，也是加油课的初衷。

海顿说，艺术的真正意义在于使人幸福，使人得到鼓舞和力量。相信这样的力量，必将在孩子们成长的路上为他们指引方向。

一个语文老师的朴素愿望

作为一名语文老师，真的希望孩子们能够增加阅读量，多读书。这是王明作为一名语文老师最朴素的愿望。

在加油计划来到小洛小学之前，孩子们的课外书可谓少之又少。城市里的孩子有不懂的东西可以问爸爸妈妈，可以在网上查，但是大山里的孩子，爸爸妈妈不在身边，爷爷奶奶又不会，上网又没有条件，只能通过看书。

可问题是，他们没有书可以看。阅读量有限，做语文阅读题的时候很困难，也没有办法感受文字的魅力，从中去读历史，去体会他人的思想，去看外面的世界，去获得成长的养分。

而加油计划启动了阅读空间项目，给学校的每个孩子都发放了图书包。学校里有图书屋，教室里有图书角，孩子们可以自由借阅。每个图书包里有十本书和一本读书笔记，图书包使孩子们在家也有书读。从那时起，爱看书的王明也带出了一批爱看书的学生。

在家里也可以读书，对于大山里的孩子们来说太重要了，这就是他们看世界的“眼睛”，是可以常伴左右的朋友和老师。大部分孩子都喜欢阅读，都想读课外书，从以前的无书可读到如今的“阅读空间”，已然是跨出了一大步。没有电子屏幕，没有优越的条件，孩子们翻着书，一页又一页，在那里看到了精彩的世界。

通过阅读，孩子们的学习效能提高了，就可以主动去探索更丰富的世界，这让孩子们的未来有了更多可能。

孩子们通往未来的路需要你的力量

虽然在大山之中，但王明从未感到内心世界的匮乏，他想要与时俱进，跟上时代的步伐。平时在手机上看到有趣的游戏就想让孩子们也体验的王明，想把他眼中这个世界的有趣和美好都展示给孩子们看。这也带给王明很多的成长，只有自己不断学习，变得更好，与时俱进，才有能力带给孩子们更好的东西。

大山之中，资金有限，教育的硬件设施也很有限，但是尽己所能带给孩子们更好的、更新的东西是王明最大的愿望。

学校的老师不多，平时工作也很忙，但是加油计划增加了师生间的互动，也满足了孩子们的物质需求与精神需求。孩子们更加自信，也更加喜欢课堂了。

说到未来的发展，王明说，想借助网络将更多新颖的形式带入加油课的课堂中，毕竟孩子们对于加油课总是充满期待。

（来源：公众号“加油一起成长”）

这个女人的朋友圈，我不敢看

星　言

引言

强者自救，圣者渡人。这世界最动人的事，就是那些曾经被帮助过的人，心怀感恩，再去反哺社会，帮助更多的人。

看到央视的一条视频，22 分钟，从第一秒起就让我又震撼又鼻酸。

视频里那个女人，叫张桂梅。她戴着眼镜，满脸皱纹，头发稀疏，不施粉黛。她的脸上，刻尽了沧桑与疲惫，而眼底却写满了坚定与骄傲。

我想跟你分享的，正是这个 63 岁女人的故事。这个女人的朋友圈，我根本不敢看，因为里面的每一幕，都让我止不住泪目。

一

12 年前，张桂梅在云南丽江，创办了华坪女子高级中学，这是全国第一所全免费的公办女子高中。

12 年后，这里即将送走它的第十届毕业生。这个贫困县也从没有几个女孩能上大学，到本科率 82%，全丽江排名第一。

节目采访里，记者问张桂梅："你这个是学校，是专门给贫困地区的女孩子上的高中，对吗？"

张桂梅却说，我们不提"贫困"两个字，我们就叫大山里的女孩儿。"因为我觉得，贫困对女孩子来说，也是一种隐私。"

那一刻，我泪流满面。这是我听到的对女孩子最柔软的善意和坚定的保护。

一路走来，没有人知道张桂梅为了这个大山里的女校，做了多少疯狂的事儿。

17 岁那年，张桂梅离开东北，到云南支边。她和丈夫同在大理白族自治州喜洲镇第一中学任教。那时她以为，喜洲会是她一生的归宿。然而，1996 年，丈夫患胃癌去世，张桂梅伤心欲绝。于是，她逃离了那个让她又爱又痛苦的地方，来到了丽江华坪县民族中学教书。可是，命运的打击总是接二连三。

从大理到华坪不到一年的时间，张桂梅的身体也出了问题。她被查出子宫内有一个快 5 斤重的肌瘤。查出病的那一天，她从医院走到学校，不远的路程，她走了很久。

那时候她想，自己应该也是活不长了。因为之前给丈夫治病，张桂梅根本没有多少积蓄治病。

却没想到，学校和县里知道了她的情况后说："别怕，再穷，我们都会救活你！"然后，全县的人给她捐钱帮她治病。很多山里的妇女兜里只有路费的 5 块钱，可还是慷慨地捐给了她。

滴水之恩，当涌泉相报。张桂梅感动到不能自已，她心里暗想，"她们救活了我，我必须为这个县城做点事儿！"而这件事儿，就是教育。

二

在民族中学的时候，张桂梅发现，有的女孩读着读着书就不见了。后来她跑进大山里，走到女孩的家里才知道，这里的姑娘十几岁开始，就只有一个宿命：嫁人，生孩子，干活儿，再生孩子。如此往复，没有出路。

张桂梅决定，她要筹建一所免费女子高中。但当她提出自己想法的时候，很多人是反对的。

有人说，什么年代了，还硬性把男女分开？！

有人说，别扯了，办一所女高，哪有你想象的那么容易啊！

有人说，全免费，哪有钱啊？！你这想法太疯狂了！

可是，别人越说不行，她就越想干。为什么她会这么坚决？因为她看到了太多生了女儿就把女儿丢到福利院的悲剧，也看到了太多重男轻女家庭里的偏心。张桂梅说，女孩子受教育，可以改变三代人！

"你想，如果她有文化，她会把孩子丢掉？生了姑娘我就丢？她不会！"

她办女子高中的初衷，就是要解决"低素质的母亲，低素质孩儿"这种恶性循环。

家访时，她看到家长把高三的姑娘留在家里干活，把小学和初二的儿子送到县城里来补习。她问他们的母亲："你脑子有病吗？你姑娘是高三要高考的，你不送她去补习，反而送儿子去补习？"结果对方只回了一句，因为他是儿子。

多么轻飘飘，多么理所当然的一句话！正是因为这种重男轻女思想根深蒂固的存在，才让那些大山里的姑娘根本没有机会走出来。她们被祖辈的思想同化、妥协，甚至连她们自己都不知道什么样是对的，然后一生委屈在那个山沟沟里。

后来，张桂梅带出来的一个女孩，从浙大毕业，来到城市里工作，结婚生子。当年她被母亲抛弃，而现在，她不但没有把女儿丢掉，还把她打扮得特别漂亮，教育得特别好。

你看啊，这就是教育的力量，改变一个人的思想，就能改变几代人的人生。

三

建高中，从来不是一件容易事儿，首先要解决从哪里弄钱的问题。

一开始，张桂梅像乞丐一样到处筹钱，别人看到她的反应都是：骗子。"有好手好脚你不干活，说个普通话，戴个眼镜你就出来骗钱花？！"

从 2002—2007 年，张桂梅每年寒暑假都奔波在到处筹款的路上，然而总共才筹到了一万块钱。这离办一所学校的钱，差得太远太远。

天无绝人之路，就在她快要放弃的时候，她在北京开会时遇到了《新华每日电讯》的一个女记者。因为女记者撰写的《我有一个梦想》的报道，张桂梅的故事被全国人知晓。四面八方的支持纷至沓来，丽江市和华坪县也各拿出 100 万元，帮助张桂梅办校。

2008 年 8 月，华坪女子高级中学建成；9 月开学，张桂梅担任校长。从 2008 年建校到现在，1645 名大山里的女孩，从华坪女高走进大学，她们有的考到浙大，有的考到厦大，还有武大、川大，等等。而这里很多学生，大学毕业第一个月的工资，全部都自愿捐了回来。

这世界最动人的事，就是那些曾经被帮助过的人，心怀感恩，再去反哺社会，帮助更多的人。

四

对于张桂梅来说，重病时，给予她关怀的领导她记得；没钱时，给予她经济支援，哪怕只有几块钱的人，她也记得。

投我以木瓜，报之以琼琚。张桂梅是这样的人，而她教出来的女孩子们，也变成了这样的人。

12年来，张桂梅没有自己的家，学校就是她的家。她带着记者参观她的"家"，其实就是学校三楼宿舍里的一张小床，紧挨着宿舍门。

记者问："您干吗守着门口啊？"

张桂梅说："有什么事儿，我第一个跑出去，可以挡点儿什么。"

挡点儿什么呢？也许是半夜钻出来的蛇或是虫子；也许是闯进来欺负女孩子的坏人；也许是要把女孩带走，回去嫁人生子的父母……

张桂梅，像一座堡垒，斩断了贫困和愚昧的传递，又像一座桥梁，连接了知识和山沟里的姑娘。

张桂梅这一生，少年丧母，中年丧夫，一生无子。因为长期的操劳，她的身体每况愈下，患上了肺气肿、肺纤维化、小脑萎缩等11种疾病。她把生命献给了这个学校，献给了这个贫困县，更献给了这些山里的女孩子们。

有人问她，你都丝毫没有自己的生活了，那你活着的意义是什么呢？她说："我这辈子的价值就是，不管怎么着，我救了一代人！不管她们是多还是少，毕竟她们后面走得比我好，比我幸福就足够了。"

春蚕到死丝方尽，蜡炬成灰泪始干。这才是真正的教书育人，才是真正的人间伟大。

五

我们这个社会里，有人十年寒窗，只为走出大山，圆祖祖辈辈一个梦想；而有人却冒名顶替毫无悔意，偷走别人的一生。

有人为了别人的孩子，与传统和愚昧对抗；而有人却为了自己的孩子，暗箱操作瞒天过海。

有人在大学里挥霍四年，混混沌沌度过青春时光；有人背负着整个村子的希望，在一平方米的课桌前拼命向上。

这世界有太多太多的姑娘，她们活在层层高山下的村落中，活在农间地头的辛苦中，活在生儿子养儿子给娘家赚钱伺候丈夫的“义务”中。如果没有张桂梅这样的人，她们也许一辈子都不会知道外面的生活有多丰富美好，不会懂一个女人活着真正的价值到底在哪里。

张桂梅，真正走进了贫穷，也真正让里面的人从贫穷中走了出来。

强者自救，圣者渡人。

这世界也许有很多不公，但总有一份善良让人泪流满面。

这世界也许有很多冷漠与丑陋，但总有一束光能为我们照亮前路。

这一路也许灰暗坎坷，但总有燃灯者与你并肩。

感谢张桂梅，这样的人值得登顶热搜，被更多人看见。

（来源：公众号“十点读书”）

我用前半生来发现问题，后半生来解决问题
——记成美慈善基金会秘书长刘英子

李 庆 甘 霖

引言

她出生于新疆，自小身体瘦弱却个性好强，多才多艺；她18岁担任新闻主播，曾冒着枪林弹雨进行现场报道，在新疆喀什小有名气；她为了追逐心中的梦想，于20世纪90年代来到椰风海韵的海南岛，成为海口电视台的首席主播；她是海口的一张“名片”，曾获奖无数，荣誉等身，粉丝众多，却因亲人绝症亡故，改变了人生轨迹，毅然离开了优渥光鲜的新闻主播岗位，投身公益慈善事业。

她就是成美慈善基金会的创始人、副理事长兼秘书长刘英子女士。刘英子因姐姐罹患乳腺癌接触李嘉诚基金会临终关怀项目而涉足公益，而后被第一投资控股集团董事长“三顾茅庐”请出，成为一名专职的公益人。她筹建成美慈善基金会，组建公益团队，亲手创造、培育了“成美”。她说，“成美”就是她的另一个孩子。

平风起浪突遭巨变，毅然投身公益慈善

谈到涉足公益的最初，刘英子的话语低沉。她说，她的前半生顺风顺水，从来没有想过有一天生活会发生如此翻天覆地的变化。

十多年前，姐姐罹患乳腺癌晚期，癌细胞转移，先后动了三次大手术，遭受了痛彻骨髓的折磨，而她自己，也因此备受打击，几近崩溃。

当时李嘉诚基金会的临终关怀项目向备受病痛和死亡折磨的姐妹俩伸出了援手，派出义工定期为她们做心理疏导和陪伴，并在后期将她姐姐纳入了项目资助，

为姐姐提供了足量的镇痛药品和心灵抚慰，最终让她得以有尊严地离开。姐姐走后，刘英子成了宁养院临终关怀项目的签约义工。她说："去照料这些临终病人，就像继续在照顾姐姐，让他们跟姐姐一样得到亲人般的抚慰，安心离开。"

当第一投资集团董事长蒋会成先生提出请她创建成美慈善基金会时，初涉公益行业的刘英子有些犹豫。她认为自己的专业和未来在媒体，可以利用业余时间参与公益，没想过去专职做公益，另外考虑到缺乏慈善行业的管理经验，她迟疑自己是否能胜任秘书长一职。

三顾茅庐，言辞恳切，最终是蒋先生的一席话触动了刘英子："即便你此生一直做义工，能帮助到多少人呢？如果组建一个专业的慈善团队，会动员更多人、更多的力量，帮助更多的人。"

此时的刘英子，人生遭逢巨变，心境已不同往日。公益慈善事业能够传递一股力量，抚慰、温暖、帮助他人，公益有使人向上的力量，她想尝试传递这股力量。于是，2010 年刘英子毅然放弃了电视台首席主播的工作，全职投身到公益慈善行业中。

从资深主播转身为公益新人，刘英子的人生事业，自此一切从零开始。

摸石过河用心实践，攻坚克难殊荣不断

投身于公益事业前，刘英子便知道这是个不能丈量得失的工作。她进入公益行业的这一年，中国的慈善事业正处于低谷时期，成美慈善基金会注册之时正是郭美美事件的第二年，在这样的冰河时期，刘英子的选择更加遭到了大众的质疑，外部揣测之声不绝，内部初创诸事待决，但这一切没有吓退她，反而激发了她摩拳擦掌埋头大干的热情。

筹备成美慈善基金会时，她带着一个助理，既要跑注册、准备资料和租办公场地等前期工作，又要研读基金会的各项条例和相关规则，制定机构未来的发展目标，调研、开发、设立慈善项目到规划落实项目的执行，还要招募组建、培养团队……刘英子的足迹，踏遍了边远山区、落后小学、贫困乡村，繁重而富有挑战的工作，使她迅速从一位新闻主播转变为掌管全局的机构管理者。

公益之路并没有刘英子想象的那么简单，她曾一度很沮丧，但那个时候的沮丧，也成了她前进的一个动力。"初涉这个行业的时候，几乎没有一点专业常识，

也认为公益就是学雷锋做好事，访贫问苦。”刘英子说。为了能更快地找到正确的发展路径，学习和了解更多的专业知识，她寻求到中国公益慈善行业的先驱徐永光和王振耀两位导师的支持和帮助，先后赴新加坡和美国游学。

心中有善，路才会越走越宽。两年的游学经历，为她之后的实践打下坚实的基础。她不断吸取专业的知识，同时还将自己对世界和人生的理解与各种先进的公益理念融合来付诸实践。她说：“在学习的过程中，我开始利用专业化理念来组建团队，培训员工，甚至在项目上开始了专业化探索。”她从一个公益新人渐渐蜕变成为公益践行者和引领者。

十年的公益之路，成就了如今的成美慈善基金会：全国第一家“非公募基金会转公募基金会”、民间公益组织最高等级 5A 基金会、中国公益最高政府奖——中华慈善奖、联合国咨商地位认证、全国“慈善信用排行榜 30 强”“全国先进社会组织”、中国基金会中心网透明指数（FTI）连续六年全国排名第一、“希望工程 20 年特别贡献奖”“2012 中国公益集体奖”“海南省抗风救灾先进集体”“2014 年度慈善推动者”“2014 年、2016 年、2017 年中国公益集体奖”，等等。她带领着团队一路披荆斩棘，实现了许多看似“不可能完成的任务”，获得公益慈善领域及社会各界的肯定与好评，奖项殊荣不断。

但刘英子却说，没有什么水到渠成，这一切都是我们团队汗水和付出的结晶。

栉风沐雨不屈不挠，潜心公益不改初心

十年来，成美慈善基金会的慈善公益项目从海南迅速拓展到全国，甚至走向了国际，落地尼泊尔、孟加拉国、几内亚等多国。成美累计开展实施了 160 多个项目，公益活动覆盖全国 31 个省、自治区、直辖市，捐赠总收入达 1.65 亿元，总支出达 1.55 亿元，受益人数达 22.8 万余人，间接受益人数 160.8 万人。

从成美的第一个公益项目，到中国慈善奖获奖项目“情暖少数民族女孩”，再到最新开发的肿瘤救助项目“有爱无疾”，每个项目都凝聚了每一个成美人的心血、期待、努力和奉献。刘英子用“呕心沥血”来形容成美团队对公益慈善的付出。从来没有什么开挂的人生，有的只是厚积薄发、逆流而上的努力。

从 2012 年成美完成“非转公”，到 2014 年公众筹款出现起色，成美的品牌项目——“情暖少数民族女孩”从十几元、几百元的捐赠额到成为千万元捐赠额的

项目，成美用了整整6年。项目募款和执行经历了尝试、失败、总结、完善、升级的不断努力，是刘英子和团队在公益慈善领域百折不挠持续付出的缩影。

刘英子带着自己的项目，不分昼夜、不知疲倦地奔赴全国各地，寻求合作伙伴，拜访捐赠人、捐赠平台，力求获得更多的支持。时间的缺少是她践行公益上最大的挑战。她曾经在一次出差时，从早上7点开始奔赴不同的地点，一天之内谈下了4拨合作，直至深夜12点，她仍然拖着疲惫的身体在酒店大堂等候下一位合作伙伴，一天的合眼时间都不到3个小时。她曾经拖着骨折后打着石膏的胳膊，一一拜访文艺界名人，向他们阐述公益理念、慈善项目的执行，打动老师们为事实孤儿发声支持。她曾在前往湖南桃源县实地调研的路途中，因为连续8小时行驶在颠簸难行的土路上导致腰椎间盘病发，却一路强忍剧痛坚持完成工作……像这样心无旁骛，为公益慈善全身心投入和付出的例子在刘英子从业生涯中不胜枚举。

作为一名公益人，她用捐赠人的信任、受助人的感念、行业的赞誉，用一组一组捐赠数据诠释了她不变的信念，不计得失、全心全意为公益慈善付出的初心。

作为成美的领航人，她用自己对公益的热情与执着，激励了一群又一群年轻人对公益的热情和期待，鼓舞着团队百折不挠，永不放弃。

曾经有人送给刘英子一句话："成人善事，其功更倍；动人善愿，其量无涯。"她说，"一切都是最好的安排，我用前半生来发现问题，用后半生来解决问题"。她继续英姿勃发，昂首阔步，行走在公益慈善的路上。

（来源：成美慈善基金会）

环球慈善

慈悲不是出于勉强，它像甘霖一样从天上降下尘世；它有双重福佑，它赐福于施与者，也赐福于受施者。

——［英国］莎士比亚

国际儿童保护组织
如何做公益传播

吕天羽

引言

在儿童保护领域的投入增加和法规日趋完善的当下，最亟待提升的是公众意识，而这正需要“公益传播”来实现。

亟待提升的公众意识

韩国 N 号房事件曝光了遭遇性侵害的未成年人问题及其背后的操控者，某“律师性侵养女”案一度众说纷纭……儿童保护问题一次次横亘在观众面前，刺痛着大众的神经。近些年来，不仅是儿童性侵问题，农村留守儿童问题、校园欺凌问题也屡屡成为社会热点，引起人们对儿童保护议题的关注与反思。

据联合国儿童基金会（United Nations International Children's Emergency Fund，以下简称 UNICEF）《2019 儿童人道主义行动总览》（*Humanitarian Action for Children* 2019 *Overview*）：当前全世界约有 3 亿儿童遭受暴力侵犯、剥削和虐待。他们有的由于贫困或武装冲突沦为童工；有的遭受陋习的侵害，如割礼和童婚；还有成百上千的儿童一直因得不到足够的保护而陷于潜在的危险中。面对严峻的现实，各类儿童保护组织都投入了巨大的精力、财力于儿童健康、教育、安全等领域。然而儿童保护是社会议题，并非是单纯依靠政策与资金就可以解决的。南都公益观察专家就此表示，在儿童保护领域的投入增加和法规日趋完善的当下，最亟待提升的是公众意识，而这正需要“公益传播”来实现。

本文从不同的受众主体出发，从政府、企业、个人三个层面切入，探究儿童保护组织面对不同的受众，应如何采取恰当的策略进行公益传播与沟通。

政府，赋权困难群体发声，推动政策变革

UNICEF 最新数据显示，各国政府是儿童保护最大的资金提供者，来自政府的援助资金占其总捐赠收入的 42.7%。庞大的资金力量以及潜在的政策支持都让公益组织与政府间的交流变得极为重要。而举办公众活动、赋权困难群体自我发声，正是建立困难群体与政府的连接、让政府听到困难群体真实诉求的有效传播方式。

以国际公益组织救助儿童会（Save the Children）为例，为通过女童的声音以影响政府在童婚、教育以及边缘地区贫困儿童问题上做出政策改变，救助儿童会发起了“女童运动（Girls Campaign）”：支持处于弱势处境的女童自主发声，通过发起活动和进行宣讲，申明自身的诉求。

17 岁的 Saleha 就是“女童运动”在印度孟买戈万迪贫民窟的推行人之一。Saleha 八年级时，由于家境贫困，不得不中断学业，救助儿童会的援助让 Saleha 得以重返校园。

Saleha 在学校第一次接受生理健康教育时，就感到奇怪：当时女生们被带到了单独的教室上课，而男生们并不在场。“我认为即使男孩不来月经，他们也应该接受教育。”为了帮助身边的同龄人更坦然地学习生理健康知识，Saleha 在救助儿童会的帮助下，在过去 3 年间，举办了超过 250 场关于月经卫生以及生理健康的讨论会，影响了超过 2500 名青春期少男少女。此外，她还创新性地通过街头表演、脱口秀等形式，不遗余力地向当地 10000 余名社区成员传递生理健康知识。Saleha 因这些为同龄人所做出的特殊贡献，获得了代表印度社会创新先锋的 Savitribai Phule 奖。

为督促政府履责，让政府更清晰地认识到儿童保护问题的严峻性与紧迫性，除了鼓励儿童发起活动为自己发声，救助儿童会还撰写研究报告，联合困境儿童为整个儿童群体发声。2018 年，救助儿童会发表了一份名为《仍被遗留在后面》（*Still Left Behind*）的报告，展现了当前儿童保护领域的现状，直指 2015 年各国领导人联合签署的联合国可持续发展目标（SDGs）与现实相差甚远。Saleha 和其他两位受救助儿童会支持的、同样有杰出贡献的青少年共同为这份报告撰写了前言，她说：“作为孩子，我们正努力让那些作决定的人听到我们对重要问题的看法。”

如今，“女童运动”已在印度、也门以及孟加拉国等 10 余个国家推行。这类通过赋权困难群体自我发声的公益活动让政府能清楚地听到困难群体的诉求，并运用社会舆论形成强有力的政策催化剂，助力儿童保护目标的实现。

企业，公益是互利共赢的渠道

公益组织针对企业进行的传播，往往建立在企业社会责任的需求上，而这就要求公益组织针对的社会议题与该企业关注的领域紧密相连。因此，公益组织需要在自身与企业间寻找共同性，使企业在履行企业社会责任的同时，能在公众中树立起良好的品牌形象，促进其市场份额的稳步提升。

数据显示，各类大型企业及其下设基金会每年会为 UNICEF 提供超过 10 万美元的资助。宜家（IKEA）作为目前全球最大的家居零售商，也是 UNICEF 的重要合作伙伴。2016 年开始，宜家就与 UNICEF 合作推出了“Let’s Play for Change”项目：活动期间，宜家每售卖一个毛绒玩具或儿童用品，就会从中抽取 1.1 美元用作儿童保护事业。“由于贫穷以及偏见，许多儿童失去了玩耍的机会。而在灾难中，儿童所受到的伤害是最大的。我们致力于捍卫以及提升儿童享受快乐的权利。”宜家总裁 Per Heggenes 表示。

到目前为止，宜家已为该项目捐款 23 万美元，并通过 UNCIEF 用这笔捐款帮助到中国、印度、肯尼亚、印度尼西亚的近 6 万名儿童。在这个过程中，而宜家也迎来了更大的商品销量，树立了品牌的良好形象，建立了更稳固的市场。

可见，儿童保护组织通过与议题相关的企业建立合作，寻找二者的共同之处，往往可以达到互利共赢的目的。

找准合适的机构进行有效的沟通与合作宣传，既满足了企业的商业需求，又能使公益组织的理念得到传播。

公众，原来公益也可以很酷

公众历来都是公益组织传播的重要对象，这不仅是因为公众是重要的筹款来源，更因为社会问题的解决需要公众意识的觉醒，因而针对大众的公益传播对公益目标的实现具有现实意义。

随着互联网公益的兴起，做公益对大众来说变得便捷且容易。只需指尖的轻轻一点，公众就与公益项目、甚至是具体的受益人联结在一起。也正因如此，多样的、大量的公益项目如雨后春笋般占据着网络的版面，分散着公众的注意力。如何能吸引公众的关注，是每一个公益组织都要攻克的难题。

对于当今的公众来说，公益传播已不再简单通过悲情形象引起同情、获得关注。越来越多的人参与公益是为了分享积极、快乐的正能量。尤其是年轻人，非常容易被潮酷、有趣的公益组织所吸引。在这个视觉为王的时代，“聪明”的公益组织会牢牢抓住其网站、标识、衍生产品等一系列视觉设计元素，吸引公众的注意和参与。

儿童行动（Action for Children）就是这样一家善于通过“视觉沟通”进行公益传播的组织。这家致力于帮助全英国的困境儿童及其家庭的公益组织，为了体现多元的机构文化，收获更多年轻人的关注，于2019年，即其成立150周年之际，进行了机构形象的全面升级改造。

该组织邀请的设计师Marksteen Adamson认为：“一个公益机构应该根据它是谁（使命与愿景）而不是它正在做什么来建立形象，不然每6年左右机构的形象就会被迫改变。”Marksteen因此锁定儿童行动组织从一而终的理念“We are family”（我们是一个家庭）为主视觉，运用“appetite”字体，来传递一种温暖、醒目、富有凝聚力的理念。他还确定机构产品的主要颜色为红色与黄色，因为红色象征着紧急，黄色象征着希望，两者的结合更能体现出机构既认清当下形势，还致力于立即行动的核心理念。

机构的logo设计成了可爱的星星形状，并制作成徽章和各种衍生产品，由5000多名员工在上班及日常生活中穿戴与使用，其潮酷的外观吸引了不少年轻人，瞬间成为潮流单品，风靡一时。醒目的星星图案与频繁的时尚曝光率都大大提高了机构的辨识度，越来越多的公众从其炫酷的外观、实用的衍生产品，逐渐认识了这家公益机构，从而进一步了解它所致力的公益主题。

现在，儿童行动在Facebook和Instagram等社交媒体上拥有近10万的关注者，并保持着每日更新的状态，不仅与大众分享着其全新、超酷的设计，也宣传着组织的动态和公益知识。

当个体第一次接触某个公益项目或公益组织时，必定无法深度且细致地了解公益项目或公益组织的所有信息，也很难被其背后的故事所打动。因此，公益组织通过机构形象所传递出的理念与风格就成了公众对它的第一印象，影响着公众的决策。通过年轻、有活力的设计重塑品牌，能使儿童保护组织获得更多年轻人的青睐。当年轻人都觉得穿戴公益T恤与穿戴潮服一样是一件很酷的事情时，才是真正“全民公益”时代的开始。

使命，公益传播的核心

在对外传播的过程中，举办活动定期向政府发声、与企业联合宣传、对公众重塑机构形象等都是国际上成熟的儿童保护组织惯用的方法，且收到了显著的传播效果。但说到底，这些都是公益传播的手段，是为内容服务的。那公益传播的核心内容是什么呢?

针对这个问题，笔者采访了 WCYDO Kenya 的创始人 Terry，她具有丰富的儿童保护经验，希望她的公益实践能给大家带来启示。

Terry 的回答印证了本文所总结的几条传播方法的有效性：WCYDO Kenya 也正通过与政府积极沟通、与相关单位和机构合作来帮助女性维权，并通过翻新视觉设计、运用社交媒体来招募更多的年轻志愿者。Terry 笃定地表示："公益传播最本质的核心是'我们是谁'。无论是面向政府、企业，还是公众，儿童保护组织都必须明确自身致力解决的问题，进而寻求需要借助的途径。只要目标明确，合适的传播方式就会变得清晰，公益目标才更容易实现。"

有时候遇到突发问题，传统的公益传播途径会被阻断，但只要掌握公益组织的核心使命，围绕不变的核心，可以有诸多"术"（方法）上灵活的变化。今年，新冠肺炎席卷全球，许多公益机构都受到冲击，甚至被迫终止活动，WCYDO Kenya 也面临着同样的困境。

"原定的给儿童补习、帮助社区女性工作的项目都被迫暂停。" Terry 惋惜道。但是，WCYDO Kenya 及时采用了线上交流的方法连接需要帮助的人们。

通过实时线上论坛，WCYDO Kenya 及时为当地青少年提供了分享隔离期心声的平台，让远在瑞士、美国等平日无法产生交集的同龄人一起进行了线上交流。隔离期间，线上的传播延续了援助的使命，化不便为便利。当然，也有一些暂时无法解决的问题，Terry 提到，有时当地的政府听到困难群体的诉求后，会表现出抵触的情绪，甚至质疑问题的存在。Terry 开始更多地使用社交媒体、官方网站进行线上宣传，用更细致、更公开透明的运营方式来让更多公众关注 WCYDO Kenya 的议题。可见，明确了核心诉求后，任何传播方法都是实现目的的"术"。

传播的根基是拥有明确的公益目标。当一个组织真正明确并坚信自己到底在做什么，它所采用的传播方式才可以打动更多人，收获更多的帮助。

（来源：发展简报）

在外国人眼里，施善者的高度有多高

张宝钰

引言

作为临床心理学家，桑迪建议抑郁症患者多参加公益事业。她发现，常怀慈善之心对治疗抑郁症很有帮助，可以激发起病人久违的快乐和满足感。

“这不是治愈方法，但它很有效。”

咖啡店里，如果有人突然递来一杯免费饮品，你会欣然接下，还是有所迟疑？乐善好施是好事，但这种善举在生活中却往往遭遇怀疑和不屑。一次偶然的做好事受挫，让英国中央兰开夏大学心理学教授桑迪·曼恩（Sandi Mann）开始思考：帮助别人和接受别人的善意，为何在日常生活中变得如此之难？

“自始至终，最多的反应是怀疑”

由于工作关系，桑迪把家搬到了英国老城利物浦附近的普雷斯顿。一天上午，她带着孩子们去附近的咖啡店享用早餐，由于7岁的儿子不想喝咖啡，桑迪决定把套餐中一杯多出的咖啡免费让给其他客人享用。

“我以为会有人欣然接受并觉得开心。”桑迪告诉英国广播公司（BBC），“恰恰相反，没人愿意接过这杯咖啡。我看到很多困惑的目光，那些眼神好像在怀疑我是不是朝咖啡里吐痰了，或者这杯咖啡有毒。”

桑迪只好放弃了。“不应该是这样啊，我甚至也要怀疑自己是否做错事了。但我只不过是避免浪费，想给其他人享用。”她说。

意外受挫的桑迪开始思考为他人付出的“慷慨哲学”，并去了解为何人们会拒绝来自陌生人的善意。接下来的13天，她几乎每天出现在这家咖啡店，多买一杯咖啡，并尝试把它送给其他人。下雨天，她还试着为别人提供雨伞，或者为人付停车费，或让排在后面的客人先结账离开。“我不指望获得什么回报，而是希望能形成传递善行的蝴蝶效应，最终让爱心流遍世界。”

“自始至终，最多的反应是怀疑。人们从小就被教导，陌生人可能会带来麻烦，甚至危险。”

降低“施善者的高度”

在查阅相关书籍的过程中，桑迪发现为他人购买咖啡有悠久的历史。在一个世纪前的意大利，那不勒斯人造访当地一家咖啡馆时总会购买两杯咖啡，一杯给自己，另一杯留在柜台，供囊中羞涩的人稍后认领。

人们把这种善举称为“待用咖啡”。虽是举手之劳，背后浓浓的人情味却让它在百年后仍被人称赞和沿用。《待用咖啡：日常生活中的智慧》一书的作者、意大利作家卢西亚·科瑞申佐（Luciano de Crescenzo）告诉美国国家公共电台（NPR），这是一种非常优雅和智慧的做法，施善者和受助者并不谋面，慷慨之人没有被贴上炫富的标签，后者也不必感激涕零。

BBC称，美国政治家本杰明·富兰克林是“传递善心”思想的主要倡导人之一。曾有朋友前来借钱，富兰克林义正词严道，我会把钱借给你，但不需要你还。未来碰见一个正直但遭遇困境的人时，请务必把这笔钱给他就行，这便等于向我还钱了。

时下低迷的欧洲经济，让待用咖啡以及“为他人付出”的概念再度流行起来。邻近意大利的保加利亚已有150家咖啡馆自发联合待用咖啡阵营，来推广这项善举。美国《赫芬顿邮报》称，英国的星巴克也用这种方式来实践慈善事业，他们会把每一杯待用咖啡折合成现金捐给慈善机构。

把自己的做法和待用咖啡进行比较之后，桑迪决定换个方式来“推销”咖啡。为此，首先她要降低“施善者的高度”——仍然是奉上一杯免费咖啡，但桑迪会明确表示这是儿子不想喝的。“仍然会有人拒绝，但我清楚地发现，他们的怀疑消散了，他们会微笑并说谢谢。最后，有位名叫瑞秋的女士接过了那杯咖啡。紧接着，下周她就找机会请人喝了一杯。”

“相比我之前的做法，后来的方式更有逻辑性，但同时显得没那么无私。重点是，人们更接受后一种方式。”桑迪说，现在，她提出的“为他人付出”已成为备受欢迎和影响力甚广的运动。在谷歌上搜索相关词条，能读到很多温暖人心的助人故事。桑迪也把自己在全球各地做好事的欢愉和尴尬记录下来，整合成《为他人付出：一杯咖啡改变世界》一书出版，并被改编成了电影。本着该书所阐述的精神，桑迪表示，她会把版税捐给肌营养不良症患者。

对陌生人友好值得吗

如果说接受陌生人的好意之难是个值得讨论的话题，那么更深层次的追问或许是，我们为何要对陌生人怀抱善意？很多心灵鸡汤式的文章总是说，愿意付出、给予的人是更幸福的，善意会让你在生活中收获更多快乐。

BBC 记者大卫·罗布森（David Robson）引用哈佛大学商学院教授迈克尔·诺顿（Michael Norton）的话称："那些愿意把钱花在别人身上的人，长远来看，要比花在自己身上的人更开心。"这是因为人是群居性的社会动物，鉴于天性，我们的身心就像渴望脂肪与糖一样，渴望去影响别人，这是一个人每天起床过日子的意义之所在。

作为临床心理学家，桑迪建议抑郁症患者多参加公益事业。她发现，常怀慈善之心对治疗抑郁症很有帮助，可以激发起病人久违的快乐和满足感。

"这不是治愈方法，但它很有效。患有抑郁症的人总觉得找不到生活的意义，也发现不了自己存在的价值，而简单地做些慈善工作大有益处。"她不建议人们到街头去派发免费巧克力，而是在自己感到舒适的范围内做些力所能及的事，包括对别人微笑，或是与售货员愉快地聊天。赞美别人是简单的小事，同时却也是最受欢迎的善意举动。

（来源：《青年参考》）

看看国外
都是怎样做慈善的

善达网

引言

慈善与商业并非水火不容，慈善组织从事商业活动，一定程度上可助其免除生存担忧，是慈善可持续发展的一种手段，但慈善与商业的边界更应划清。国外的慈善机构在涉足商业领域和分配资源时是如何规范与自律的，或许能提供一些借鉴。

加拿大：经营可以，牟利不行

加拿大是世界闻名的“慈善大国”，年人均慈善捐款高达1800加元（约合11000元人民币），这个数值超过美国近1倍，慈善捐款总金额占同期GDP的比例高达0.77%。在海地大地震发生时，曾有加拿大民间慈善人士自豪地表示，加拿大人的一生中，没有参加这样或那样的慈善活动者恐怕如凤毛麟角。

慈善活动如此频繁，围绕慈善的争议自也不会太少，诸如慈善团体手续费、管理费过高，慈善机构不顾捐赠者意愿，将捐赠钱物挪作他用的争议，等等。

然而在加拿大，很少有人抱怨慈善组织的商业经营行为，或企业、品牌借慈善之名牟取商业利益。这是因为对于这类行为，加拿大有严格的规范体系。

在加拿大，民间慈善组织的注册并不难，且能享受政府在税务等方面的诸多优惠，但这一切的前提，是“账目公开”和“非营利经营”。民间慈善组织的各种活动并不强求一定免费，有时甚至会收取远比同类非慈善活动更高的费用。如慈善演出、慈善晚宴的门票，其价格往往比普通商演、寻常商业晚宴的门票贵出50%，甚至更多；但所有收入除抵扣场地、材料、人员和各项杂费等成本外，其余都需转入慈善用途，不能挪作他用。换言之，就是“经营可以，牟利不行”。

不论官办或民间慈善机构，其账目都要明晰、公开。善款募集通常通过公开的银行账户进行，重大天灾人祸发生时，还会开设专门账户募集。所有捐款人都会收到红十字会开具的专用收据。这些收据在每年报税时可以作为抵税的凭证。在日常财务管理上，慈善机构每年要发行年报，详细罗列各项开支、用度，所有节余均转入另开账户的救灾应急基金，并由三级政府审计部门进行审核。年报是公开的，媒体和普通民众也可以在网站上下载查阅。

由于加拿大是重税国家，而慈善捐款可以最多抵扣75%的所得税，因此捐赠者都很在意索取捐赠凭据。而这些捐赠凭据要成功抵扣税额，就须经会计师和税务部门至少两重审核，这也在很大程度上制约了慈善组织的牟利行为。

正因如此，尽管加拿大慈善机构曾爆出过诸如“将带艾滋病毒血液混入血库”之类特大丑闻，但丑闻的起因不是机构臃肿，就是个人玩忽职守，而很少涉及非法营利。“艾滋病毒污染”丑闻发生后，加拿大联邦卫生部取消了红十字会参与输血和血液制品管理的资格，并对红十字会是否涉嫌不当营利性经营进行过地毯式核查，结果同样是“查无此事”。

那么，企业或企业家，能否以“慈善”名义牟取竞争特权，或为自己的企业、品牌助推？

加拿大对积极参与慈善活动的企业和企业家，主要通过退税和给予荣誉称号等方式进行鼓励、表彰，但并不允许商业企业、品牌直接从事慈善活动，企业家只有通过另设非营利性质的基金会才能直接发起慈善行为，其管理、监督模式和普通人建立的慈善机构并无两样；公开举办的大型慈善晚会、晚宴、义演等，只能由官方或民间慈善组织牵头举办，而不许挂商业“冠名”；企业、品牌可以捐赠，但不能利用捐赠行为进行商业性宣传，更不能在品牌中宣称“××慈善工程专用”等。

日本：如“不务正业”将被取缔

慈善基金搞形象工程、建造雕塑等，这些事说给周边的日本人听，他们都觉得不可思议。在他们眼中，慈善机构就是为慈善事业服务，所有的善款都是为需要帮助的人而开销的，所有的资助活动都是以慈善、社会福利为主题的。

根据日本法律规定，每一个登记成立的公益机构都必须由一个政府行政部门进行归口管理，即要有一个上级主管部门，并要定期向行政主管部门提供各种业务活动的报告。

如果公益组织忽视了其公益活动而一心专注营利性活动，那么该组织将被政府部门勒令加以改正。如果公益组织未能按照政府部门的指令采取改进措施，那么其成立资质将被撤销。

在日本，有个名为“共同募金会”的慈善机构，这是日本规模最大的政府和民间共同组织的慈善机构。它从1947年开始运作，迄今已有64年的历史了。共同募金会的募捐活动，从每年10月1日到12月31日，由各市町村行政部门组织，自治会、学校、企业等分担进行募捐，分为地域募捐、企业募捐和街头募捐这三种形式。

募集到的钱款由募金会的社会福祉协议会进行分配，用于高龄者和残障者的福利设施。因为发生东日本大地震，捐款也用于救灾，并积累灾害支援预备金，或者用于儿童教育。每个县的共同募金会所募集到的捐款原则上使用于该县的福利事业，不可用于县外或者国外。

此外，企业或者个人给共同募金会捐款，都可适当减税。多年热心于共同募金活动的团体或者个人，或者捐巨款的团体和个人，能够得到东京都知事、中央共同募金会或者东京都共同募金会会长的表彰。

笔者特意到图书馆找到了记载东京都共同募金会40年活动历程的《东京的共同募金》一书，其中详细记载了这一慈善机构的运作方法。书中记载的募捐款的大宗支出基本上用于福利设施。在日本的经济高度成长的20世纪七八十年代，日本用募捐款建设了不少老人福利设施、救护设施以及残障者设施。

德国：资产使用必须符合注册初衷

2010年，在医疗保健、青少年和家庭救助、老年养护、残障和困难群体服务等方面的德国慈善机构已经超过10万个。在财政上，80%～90%的慈善机构是由政府和保险公司支撑，捐赠和集资只占到其资金来源的3%。

德国人参与慈善事业的热情非常高。德国现有人口8200万，其中45%的德国人都参加了各种各类的协会组织。这其中很大一个原因是因为德国政府的税收政策：参与公共慈善事业的企业和个人可以减免部分赋税；成立基金会可以免收遗产税，避免资产分割。2009年，德国有慈善基金会约1.8万个，相当于每1万户居民拥有 2 家基金会。

德国的民法中有一章专门阐述对基金会的规定。其中第 81 条第 1 节规定，基金会注册成立时必须申报基金会成立目的和资产等五项主要内容，并且资产的使用必须符合基金会注册成立的初衷。如果基金会的某一部分业务需要商业化企业化经营，按照第 82 条规定，必须先对资产进行公证并分割，保证基金会的慈善所得不被挪作他用。

德国凡是具有法人资格的基金会大多设有监理会。基金监理会的主要职责之一，就是审核该基金会的资金流向是否符合规定，对活动报告和年报进行审查并公布。另外，有少部分私人基金不具有法人资格，是由捐赠人委托授信人按照基金会设立初衷自由支配款项，对基金会进行管理，不需要监理会监管。

以慕尼黑一家成立于 2007 年的天主教基金会“言与行”为例，该基金会承诺所有捐款以发票形式存档，宗教基金监理会会定期对其管理和资金使用目的等进行检查，财政部会对其入账和出账进行审计，以便政府对于符合条件的捐助人予以税收上的优惠。只有透明且管理得当的基金会，才会具有社会公信力。在基金会林立的德国，想要募集到更多的捐款，为人所信赖是最大的竞争力。

德国有一些独立组织监督公开募捐的社会福利组织和慈善组织对善款的使用情况。例如，德国社会福利问题中央研究所（DZI）和德国天主教联盟（DEA）每年会给慈善组织颁发“捐助勋章”。此类监督审查十分严格，首次申请“捐助勋章”的失败率在 30% 左右；如果发现违规问题，DZI 会毫不手软地收回相关组织对“捐助勋章”的使用权。

20 世纪 90 年代，为了提高慈善机构的运作效率，减少政府在社会保障方面的不必要支出，德国开始引进市场竞争机制，允许私营机构参与到慈善行业中来，也允许慈善机构以公司的形式出现。

然而，2010 年初，柏林一家名为 Treberhilfe 的基金会被曝其负责人有一辆来路不明的玛莎拉蒂，其个人佣金也高出正常范围。经调查，这家基金会在财务管理上存在很大问题。其负责人最终被免职，该基金会也被德国慈善联合会除名。德国媒体还就此展开了一系列关于加强慈善监管与信息透明化的讨论。

（来源：九个头条）

慈善文化

与其说爱别人而行善，不如说是为了尊重自己。

——［法国］福楼拜

北京香山慈幼院与熊希龄的慈善教育思想

安 彪 彭秀良

引言

从一个政治的幻想家到一个慈善家，儒家“老吾老以及人之老，幼吾幼以及人之幼”，让他有了普世济人的价值观；“民为贵，社稷次之，君为轻”和“先天下之忧而忧，后天下之乐而乐”的思想，让他无法安于一隅独善其身。他对国家当时状况失望后，把忧患之情全部集中到了关心人民疾苦的生活上来。

位于北京西郊香山的静宜园内，有一片灰砖砌成的建筑群，这就是由民国总理熊希龄于 1917 年设立的北京香山慈幼院。在近代中国的儿童福利事业中，熊希龄所创办的北京香山慈幼院是最为成功的一个。深受儒家思想影响的熊希龄有着家国天下的情怀，他不仅把香山慈幼院办成一家幼儿教育机构，还令其成为一家社会福利机构。1932 年 1 月 19 日，熊希龄在上海出席中华慈幼协会期间对上海的孤儿做了一次演讲。他说：“你们在这里的多是孤儿，莫因为是孤儿便灰心上进。你们知道，孔夫子是个孤儿，后来成了圣人；孟夫子也是孤儿，后来成了圣人；诸葛亮也是个孤儿，后来成了大政治家。……你们只要好好努力上进，安见得不能比他们呢？”又说：“慈幼院与你们，现在是帮你们的忙，你们长大了仍然要帮人家的忙，这是社会上互助的道理。你们要知道你们在院里是个过渡，院里无论对待你们多好，总不是你们久住的地方。你们在这个过渡的地方，好好地学些自立的本领，为将来自立生存的地步，才算好孩子。若存一个依赖心，便是一个不中用的人了。”

北京香山慈幼院收养的都是受灾而无家可归的孤儿，这里非常注重培养他们自立生存的本领，更像是一个社会福利机构。与中国早期的其他社会福利机构一样，香山慈幼院也是纯民间性质的。

热衷于慈善事业的熊希龄

北京香山慈幼院的创办人熊希龄。熊希龄，字秉三，别号明志阁主人、双清居士。出身于湖南湘西凤凰县一个三代从军的军人家庭，祖籍江西丰城石滩。著名的教育家、社会活动家、实业家和慈善家，也是一位杰出的爱国主义者。

他是清末进士，授翰林院庶吉士（职责是给皇帝讲解经史子集，帮皇帝起草诏书，相当于皇帝的秘书），曾与谭嗣同、梁启超等人致力于维新变法。先后担任两湖营务处总办、湖南时务学堂总理、西路师范学堂监督、清廷出洋大臣随员、奉天农工商局长和奉天地方自治局长、江苏农工商局总办、东三省清理财政正监理官、奉天盐运使等官职；民国成立后，又担任上海中国公学校长、财政总长、热河都统、国务总理兼财政总长、湘西宣慰使等职。

年轻时的熊希龄满怀抱负，热心政治，他认为通过政治可以让中华民族救亡图存。在袁世凯帝制败灭后，厌倦了官场虚伪奸诈的熊希龄拒绝了北京政府的入阁邀请，于 1916 年 6 月在天津英租界小孟庄 10 号的住宅里奉母终养，过起了“隐居”的生活。

但是，熊希龄寄希望平静的归隐生活没能过上一年，就因为一件天灾而被打破。1917 年夏末秋初，河北境内大雨连绵，山洪暴涨，京畿一带倾城泽国，受灾县达 103 个，灾民超过 600 万人。熊希龄“隐居”在天津，他的寓所也被河水吞没。他上书政府，极力主张筹款赈灾，向中国银行公会求助，得到了捐款万余元，交给了京师警察厅购买粮食，运到天津赈灾。同时，他又向政府提出赈灾的建议，极力主张筹款，赈济灾区所有饥民。为了统一放赈，熊希龄还组织成立了联合办赈机构——“京畿水灾筹赈联合会”，自任会长，统筹放赈中的种种实际问题。在赈济灾民的同时，他又开始了对河工的治理，试图根治水患，并开展以工代赈，既救济了灾民，也为受灾地区留下了永久建设。救灾让熊希龄摆脱了政治生活带来的消极苦闷，开始确立了为慈善事业奋斗的意愿。此后，他多次拯救无数生命。9 月 29 日，代理大总统冯国璋颁发特派熊希龄督办京畿一带水灾河工善后事宜的命令；10 月 4 日，熊希龄就职任事，从此开启了他投身慈善事业的崭新生涯。这一年，熊希龄 47 岁，距离他第一次出任官职过去了 22 年。

自幼受其苗族母亲吴氏“恤贫拯荒，育婴施医”义举的影响，熊希龄关心底层民众的疾苦。1917 年办理京畿一带水灾时，大批失去父母和家园的孤苦儿童被孤零零地抛弃在世上，极大地震撼了熊希龄的心灵，这或许是熊希龄致力于慈幼事业的最初动因。1922 年，他写下了这样一段话："我办了几年赈，我觉得真是用良心做事的少，甚至有几个殷实的绅士，也要不干净。我在北京修了几道工赈的马路，约有三百多里，有一处系与外国慈善家合办的，修好了交与地方官去接管，那天津的报纸，忽然谓我卖路于外人，你想社会事还能办吗？所以我很悲观，我只缩小范围，办我的慈幼院。他们孩子都是真心地爱我，把我当他的父母；我却也把他们当我的儿女，成立我们这个大家庭，这便是我的终身志愿了！"

香山慈幼院创办始末

为了救济京畿一带受灾的儿童，1917 年 11 月熊希龄在北京设立慈幼局，聘请英敛之担任局长，负责主持收养灾童的各项日常工作。两所慈幼局，一所专收女孩，一所专收男孩。慈幼局原本规定只开办 5 个月，然后"将男女婴孩分别招领或遣送"，可到了 1918 年 4 月水患已平，慈幼局准备解散时，还有两百余人无人认领。如此一来，熊希龄不得不考虑建一所永久性的机构，用于收养教育这些儿童。熊希龄办慈善教育稍晚于慈善救济，但收养灾区的孩子却是与慈善救济同时起步的。1917 年，在办理顺直灾赈的过程中，熊希龄了解到各地的灾民因为缺衣少食，不得不把自己的儿女弃置路旁或标价卖出，这让他非常痛心。他说："可怜这些孩子，他生下地来并无罪恶，为何遭此惨累呢？"

但由于在北京城内找不到合适的地方，熊希龄只能上呈大总统徐世昌，请其出面和前清皇室内务府交涉，把已经废弃的前清行宫香山静宜园拨出，创建香山慈幼院。之前，静宜园内有一所女子学校，是英敛之、马相伯创办，熊希龄募捐资助的。水灾期间，熊希龄又建议以工代赈，拨款 6 万元修通了一条从香山到阜成门的公路。正是因为有此缘故，熊希龄才把慈幼院的基址选在香山静宜园。静宜园原先是清朝皇帝的行宫，八国联军入侵时被破坏，但所有权仍然在清废帝溥仪手中，故而熊希龄通过前任大总统徐世昌出面商得清室内务府的同意，才促成慈幼院的选址成功。1919 年 2 月 17 日，香山慈幼院建院工程开始；1920 年 10 月 3 日，香山慈幼院举行正式成立典礼。

香山慈幼院收录儿童"专以孤贫为限"，凡欲入院者，必须"有人介绍及其家长请求"。基于该院性质，熊希龄为其确定的办学宗旨是："教养孤贫失学之男女儿童，使有适当之智能、道德，俾可谋生与社会。”为了实现这样的宗旨，香山慈幼院与任何普通国民学校都不同，推行的是“三合一”的教育体制：学校、家庭与社会“三位一体”。慈幼院还建立了完整的组织体系和免费教育培养的制度体系，办学经费除了财政拨款外，还有中外善士及各机关团体的捐款。

到了 1926 年，香山慈幼院已经发展成 1 个总院、5 个分院，总院是香山慈幼院；分院包括萌养院（幼儿教育）、小学、中学、师范和职业教育等几个分支。

新建的香山慈幼院分为男校和女校。男校坐落在静宜园的东北部，原来是一块空地，约有两三百亩。男校建有教室 13 所，宿舍 8 所，玩具陈列馆 1 所，音乐馆 1 所，体育馆 1 所，幼稚园 1 所，室内体操场 1 所，跑冰场 1 所，跑马场 1 所，球场 4 所，游泳池 1 座，竞驶池 1 座，养病室 1 所，校医诊察室 1 所，四股（慈幼院内设机构，计事务股、教育股、保育股、职业股）办公室 1 所，总管理处 1 所，儿童图书馆 1 所，教员宿舍 2 所，浴室、洗濯室、洗衣室、厕所各 1 所，食堂、厨房各 1 所，小家庭 1 所，工场 10 所，商场 1 所，农场 2 所，市政所及警察厅 1 所，市议会 1 所，电话局 1 所，邮政局 1 所，审判厅 1 所，四村事务所各 1 所，烹饪室 1 所，中西饭店 1 所，库房 2 所，饮茶室 1 所，反省室 1 所，训话室 1 所。以上总共有建筑 77 所。

女校校址是原先的皇室寝宫，占地四五十亩。女校建有教室 8 所，宿舍 4 所，教员宿舍 1 所，浴室、洗濯室、洗衣室、厕所各 1 所，食堂、厕所各 1 所，总管理处 1 所，会议厅 1 所，小家庭 1 所，饮茶室 1 所，四村事务所各 1 所，邮电分局 1 所，反省室 1 所，训话室 1 所，工场 5 所，养蚕室 1 所，商场 3 所，烹饪室 1 所，球场 2 所，音乐教室 1 所，儿童图书馆 1 所，市政所及警察厅 1 所，审判厅 1 所。以上总共有建筑 46 所。

男女两校之间相隔有一段不算太远的距离，在这一段间隔里，又建有两校共用的理化馆 1 所，图书馆 1 所，教员图书馆 1 所。附属于两校的建筑有甘露旅馆 1 所，发电厂 1 所，避暑用房屋 1 所，银行、照相馆各 1 所。以上的建筑总共有 23 所。

其中不仅有教学设施，还有体育、娱乐设施，更有生产设施以及模拟社会自治的设施（市政所、警察厅、审判厅、银行，等等）。这些设施的置备体现了熊希龄要把学生培养成“能独立生计，适应社会需要，以养成健全爱国之国民”的教育理想。

香山慈幼院开办时，包括原慈幼局收养的200多名灾童在内，共招收学生700多人。这些学生都是孤贫儿童，经董事会派人调查合格才准予入学的。香山慈幼院的发展速度是很快的，到1926年，学生名额达到1704人。同时，慈幼院的组织机构也作了重大调整，由初期的两校制改为总院五校制，各分校在总院的指导下各自确定自己的发展方向和重点。第一校负责婴幼儿教育和保姆训练；第二校是小学部；第三校是中学部和师范部；第四校是职业学校（主要培养中等职业学生）；第五校是职工学校。

香山慈幼院为了实现学校与家庭、社会的“三合一”，着重发展学生的自治能力，着重发展社区服务事业。在发展学生的自治能力方面，一是为院内失去父母的孤贫儿童设立小家庭，每个家庭由婴儿保姆训练班毕业的合格保姆担任家长，带领10～12名、10岁以下的儿童同居一室，过家庭生活，培养儿童的生活自理能力和家庭观念；二是成立学生自治会，像成年人一样开展选举活动，组织法庭自己办案，充任警官维护治安与开展各种服务活动，等等。学生自治会的议会和议事都订有章程，章程规则也都是由学生自己起草的，虽然说的是小孩子话，却十分周密。学生自治的效果还是不错的，但由于种种原因，实行了几年以后，这些学生自治没有全面坚持下去。

卢沟桥事变发生后，香山慈幼院的正常秩序全被打乱，经费来源也完全中断，学校被迫停课。总院通告全院师生，凡有家可归、有亲可投的，尽快回家、投亲靠友避难。最后校内只剩下百余名无处可去的儿童及部分教职员，他们逃往城内熊公馆避难。远在青岛的熊希龄商请胡恩光代理院长，在艰难的形势下维持着慈幼院的生脉。抗战胜利后，熊希龄的第二任夫人毛彦文主持慈幼院的复校工作。在社会各界和联合国善后救济总署的支持下，香山慈幼院得以恢复和重建，但规模未能恢复到战前的水平。

1948年12月，中共中央派军代表以劳动大学的名义找慈幼院商谈借用香山校舍问题。1949年3月，进驻北平的解放军派出了一个汽车团，用了半个月的时间，将全院迁入新址（西安门大街26号）继续办学。3月25日，中共中央机关由河北西柏坡迁至香山，毛泽东住在了双清别墅。慈幼院由香山迁至新址不久，由北京市人民政府接手办理，业务上属北京市教育局管辖，经济上由北京市民政局供给和管理，但仍保持私立性质。1967年12月，成立北京市立新中学，转归北京市海淀区领导，成为一所公立学校。今天，她的名字为“北京市立新学校”。

香山慈幼院从创立到被接管，共把 6000 多名孤贫儿童培养成材，其中有 5 位部长级人物。例如王子纲（在校名杨炳玉），新中国成立后曾任邮电部部长；赵志刚（在校名赵连）是邮电部副部长，北京邮电大学的创始人之一；安法乾，中华人民共和国成立后曾任商业部副部长。

熊希龄慈善教育思想简析

北京香山慈幼院创建了小家庭式的教育模式，让这些孤贫儿童享受到家庭温暖。这种教育模式比奥地利的世界第一所国际 SOS 儿童村早了十几年。

熊希龄在办理香山慈幼院的过程中，形成了一种慈善教育思想，即慈善观与教育观相结合的思想，其本质就是贫富均等的教育观。他曾多次指责当时的教育制度极其不合理，教育为富人所独占，穷人则只能向隅。因此他要求政府当使贫困儿童“同居教育，泯其阶级之分”。因此，他把香山慈幼院当作是对现行不合理教育制度的一种补充，极尽自己的能力，让贫困的孩子享受到当时最新式最先进的教育。香山慈幼院从 1919 年破土动工建设到 1920 年正式开园，一直到 1949 年结束，办了 30 年，先后培养学生 6000 多人，大部分都成为国家和社会的有用人才。

1922 年 4 月，直奉大战爆发，熊希龄又组织救护队，前往战地救治难民。军阀混战不停，让他认识到筹组全国性慈善社团联合会的困难，遂决定组建一个永久性的救济机构，用于对付无休止的天灾人祸。这个机构在直奉大战结束不久后成立，名称为世界红卍字会，于 1922 年 10 月 28 日在北京正式成立。1925 年，会中人推熊希龄为会长，直到 1937 年他去世为止，连任三届，历时 12 年之久。

熊希龄之所以投身社会慈善事业，从事救助世人善举，与其从小受到的家庭影响、教育影响和其人生经历有密切的联系。从一个政治的幻想家到一个慈善家，儒家“老吾老以及人之老，幼吾幼以及人之幼”，让他有了普世济人的价值观：“民为贵，社稷次之，君为轻”和“先天下之忧而忧，后天下之乐而乐”的思想，让他无法安于一隅独善其身。他对国家当时状况失望后，把忧患之情全部集中到了关心人民疾苦的生活上来。1922 年 10 月，熊希龄在香山慈幼院开院仪式上说：“我自从办了水灾和这个慈幼院，我知道贫民的生活是很可怜的。”1932 年 1 月 20 日，他在上海中华慈幼协会演讲中说：“希龄服务社会有十五六年了。从前是政界生活，和老百姓隔膜太远，就不知道怎么叫民间疾苦。自从民国五六年办理了一回水灾，亲自下去查勘，这才知道农村的生活状况，和我们政治界从前的错误与罪恶，就把政治看得淡了，毅然决然把它搁开，实力为社会服务。”

（作者安彪系《老人世界》编辑；
彭秀良系衡水学院社会工作研究中心研究员）

《了凡四训》中的 慈善智慧

程 伟

引言

我们常说慈善不分大小，贵在参与和一份心意。可在《了凡四训》中却明确指出，善也分大小，需要仔细分辨。如果仅考虑一己利益得失，善行再多也是小善。与人为善值得提倡，但如果墨守成规，一味地以善待人，有时善心也会导致恶果。慈善不仅是捐赠财物，它是一门学问，需要正确的方法和足够的智慧。

明代袁黄所著《了凡四训》是一部在民间流传较广的劝善书。该书分“立命之学”“改过之法”“积善之方”“谦德之效”四个部分，融合了儒释道三家思想，阐述了命运掌握在自己手中，只有通过广行善举，才能获得福报进而改变命运。

《了凡四训》自问世以来，深受世人推崇，是人们修身治世的重要书籍，特别是其中富含哲理和智慧的慈善思想至今仍具有一定的指导价值和魅力。

佛教的因缘业报和道教的承负思想是众多古代劝善书中善有善报观念的思想渊源，《了凡四训》中也列举大量事例阐述了这一理念。值得一提的是，《了凡四训》还对此作了深入剖析，指出并非所有的善行都有善报，因为善“有真有假”，分辨真假善行的依据是出发点，看出发点是利他还是利己，“利人者公，公则为真；利己者私，私则为假”，伪善是不会有福报的。

另外，虽然书中反复强调行善会有福报，但同时又强调要行善而不执着于善，不刻意追求行善结果，以财济人时要“内不见己，外不见人，中不见所施之物”，这样才能圆满。因此，相对于为善而人知之的阳善，书中更倡导为善而人不知的阴德；行阳善的人会在世间享有名声，积阴德上天则会报答他。因此，高调行善是否合理需要区别认识，高调行善赢得社会应有的尊重和声誉，并引领更多的人关注和参与慈善事业，这是值得倡导的。如果高调行善的出发点就是为了获取更多利益和回报，或“享盛名而不符者”，就会“多有奇祸”。低调行善能够给个人带来内心的愉悦和满足，让人们对生活充满信心和期待，给人以更多的精神支撑和力量。

我们常说慈善不分大小，贵在参与和一份心意。可在《了凡四训》中却明确指出，善也分大小，需要仔细分辨。

首先，善行覆盖的广度是衡量善的大小的一个重要因素。“志在天下国家，则善虽少而大；苟在一身，虽多亦小。”如果胸怀天下，造福苍生百姓，这样的善行虽少却是大善；如果仅考虑一己利益得失，善行再多也是小善。

其次，善行对后世的影响程度也是衡量善的大小的因素。春秋时期，根据鲁国法律规定，如果有人出钱将在其他诸侯国家做奴仆的鲁人赎回，可以获得政府的赏金。子贡赎了人，却拒绝了政府的赏金，孔子批评了子贡。相反，子路救了一个溺水的人，并接受了对方一头牛的答谢，却获得了孔子的称赞。表面上看，子贡的行为更加高尚，但他却树立了一个至高的道德标杆，让后人对行善望而却步；子路的行为更接地气，符合人之常情，也更能激励人们参与帮助他人的活动。因此，“人之为善，不论现行而论流弊，不论一时而论久远，不论一身而论天下。”行善也需考虑对后世的影响。

再次，善行的难易程度也影响着善的大小。一些人自己身处困境，仍能济世利人，如书中所列举的邯郸张姓老人，用自己十年的积蓄帮助他人偿还赎罪钱，救了别人的妻子和孩子，这样的难舍处能舍、难忍处能忍的善行，价值自然更大。有财有势者立德较易，容易却不去做，那就是自暴自弃；身处窘境的人助人较难，难而能为，更加可贵。

最后，小善和大善不是绝对的，可以相互转化。书中提到，福建莆田林氏有一老母亲，常年做粉团施与人，只要有人向她讨要，她就会送出，从来没有厌烦。一个仙人化身道士试探她，每天早上都来索取六七个粉团，老母亲天天给他，三年如一日。仙人终被其诚心和坚持感动，指点其死后安葬于风水宝地，最终福佑子孙。可见，小善如果能坚持和不断累积也能成就大善。相反，千金布施如果不真诚，也难以称得上大善。

《了凡四训》中列举的行善者很多，有小吏和大官，有仙人、圣人和凡人，有穷人和富人，他们虽身份各异，却尽其所能力行善举。比如：狱卒为被冤枉的罪犯平反；富人在灾荒年间免去自家田租，散发粮食赈济乡民；圣人通过身体力行教化民众，使百姓与人为善等……不同身份的人都可以通过自己的方式从事慈善活动。

慈善人人可为，形式虽然多样，但都源自个人的恻隐之心。譬如动物是自然界的生灵，对其爱护从“四不食”开始，即“闻杀不食，见杀不食，自养者不食，专为我杀者不食”，由此慢慢增进自己的恻隐之心。或许一时未能达到目标，但只要“岁复一日，递递改之”，慈悲心终会养成。

意念是行动的先导，行善当自萌生和培养善念开始。如何培养善念？书中提出，改过行善需发耻心、畏心和勇心。所谓耻心即孟子所说的“羞恶之心”，有了耻心就会有所为和有所不为；畏心就是要有敬畏之心，敬畏天地，慎独修善；勇心就是不能迟疑，要“见善如不及，见不善如探汤”。

行善的方式多种多样，要结合具体情况采取相应的措施。与人为善值得提倡，但如果墨守成规，一味地以善待人，有时善心也会导致恶果。

明代辞官荣归故里的吕文懿深受乡民敬仰，一个乡民酒后骂他，吕文懿心存宽厚之念，念其醉酒而不与其争辩，后来此人犯了死罪入狱。如果吕文懿当时“稍与计较，送公家责治”，就不至于后来“养成其恶”，到了无法挽回的地步。相反，恶念有时也会促成善果。灾荒年间，穷民们在市场上抢粮食，一富户人家出于维护自身利益考虑，上告官府却未获受理。穷民们更加肆无忌惮，于是这户人家将几个领头的人抓了起来，如此才没有酿成大的社会动乱。

因此，行善其实没有放之四海而皆准的定法，有时“敬人、礼人皆恶也”，有时“殴人、詈人皆善也”。行善需根据不同对象、不同情形和实际可能产生的结果来灵活选择适当的方式。慈善不仅是捐赠财物，它是一门学问，需要正确的方法和足够的智慧。无论是润物无声或疾风骤雨，雪中送炭或锦上添花，慷慨解囊或锱铢必较，只要在合适的情形下就都有其存在的积极意义。

应当承认，从技术层面而言，当代慈善事业在规范化、专业化、透明化等方面远远超过了传统慈善事业。但是，传统慈善文化中的思想理念却依然有指导意义和参考价值，《了凡四训》仅为其中之一。如何从丰厚的传统慈善文化中挖掘有益成分，培养人们的慈善意识，提升慈善从业者的道德情操，促进当代慈善事业的发展，值得深入研究和探讨。

（来源：《中国慈善家》）

善绎人生

善人者，人亦善之。

——管　仲

告别碧山，一个“乌托邦”的六年说明了什么

Violin

引言

2017年4月30日，国内最早成立的青年公共空间——厦门碧山公共空间，将举行告别仪式，随后它会正式关停。

是的，碧山最终还是落幕了，但落幕不意味着失败，存续也不意味着成功。谁都无法否认碧山曾结结实实地存在过；无论其存与废，都是对投机主义的深刻批判。

一篇不太应时的怀念的文章

2017年4月14日晚上，碧山（厦门大学的一个“公共空间”，而非欧宁等人的乡村建设项目）行将落幕的消息发到本已不活跃的微信群里时，瞬间引发了很多感慨与讨论。有趣的是，这些感慨与讨论基本以微信群和发朋友圈两种形式在进行着。而我，决定为此写一篇长文。

这是碧山的第六个年头，经历过国光—村口—碧山三个时期，地点从厦大的老房子搬到村口的铁皮舞蹈教室，再到现在的市井平房。它始终是“克制”的，不管是空间装修还是活动推广，它期待的是真正高质量、有火花的交流。一定程度上，公共空间的价值就在于空间里人们面对面的交流。而把人“聚”起来的空间，它承载着人们的想象力，免于自我审查的交流，和去创造一个更加美好的生活和社会的勇气。

六年来，碧山公共空间聚集起的这群年轻人，此刻正分散在各地，或躺在床上，或坐在桌旁，或踱步在阳光下，或奔走在寒夜里。而那个曾经聚集他们相谈甚欢的实体空间，则空空荡荡，在众人异地的怀念中走向消亡。

这个消息并不令我感到意外，因为，每隔一段时间都会收到碧山的一些消息，可算是这个结果的预兆。对于熟悉这个空间的人来说，与其说是在怀念一个空间，不如说是在怀念一种关系。

“这个公共空间包括居民活动的公共场所和居民能够参与的公共事务……促进社区居民的日常交流和提升相互信任，使人们参与到共同的事务中，并发展出新型的、更加平等和合作的人际关系。”这是 2011 年“碧山”的前身“国光”在创办期的讨论中的一句引语，用以说明“公共空间”可能意味着什么。这句引语出自当时中山大学的胡明对 2008 年汶川地震后的可持续社区项目“新家园计划”的观察。

一个灾后重建的社区项目，给一个青年人交流的空间以启发，听上去可能有些错位。然而从 2011 年出发至今，随着我的观察和参与，随着将这个理念与其他同时或后续的“公共 / 青年空间”进行对照，随着我几次在其他地域复制这个理念的尝试，空间中“人际关系”这个落点让我越加深以为然。

志同道合是一种奇妙而默契的体验

多年以来，让我引以为傲的，正是身边这一群“审美共同体”朋友。如果一个人的力量与勇气来源于一个以自我为中心的同心圆，那么这群朋友无疑处于这个同心圆相当核心的位置。他们是温柔的、可信任的、有建设性的。有这样一群朋友是多么幸福。而这些空间，正是孕育这些友谊的地方。

翻开记录着这个“公共空间”第一年大小事件的《国光记事》，能看到很多不同类型的活动：有“方可成：理解与谈论这个世界”这样的沙龙，有“秦晖：《十字路口的土地问题及其改革》”这样的讲座，有“张典婉老师说这里像他们年轻的时候”这样的交流；也有“在隧道里喷上‘一定要幸福’”这样的事件，“非厦大妹子不娶联盟成立”这样的发起，“大家给 × × 父母敬酒”这样的晚餐，“把马老师书架和床搬到碧山”这样的劳动，和“购进一批蔬菜种子”“讨论作弊史”“小猫命名‘呵呵’”这样真的不知道怎么归类的事情。

在这 396 天，记载了 236 条，展示着一个空间，因为一群有趣的人聚集在一起，可以有着多么丰富和精彩的可能性。似乎几个文艺青年租下一座民宅，很多事情就会自然而然也无须受控地发生。然而，事实并非如此。

“理念先行”，是空间众多运营规则中的第一条

国光开启前的一份“简述”中，用5000字的篇幅，对空间的理念和宗旨、空间情况、活动、资金来源、运营原则、运营模式、管理和决策、财务管理、如何支持、需求物资等核心问题进行了阐述。

而在这份“简述”之前更大量的讨论中，有这样一句话：“搭建公共空间的行动与书面文案……我们要通过书面的形式逐渐确定我们的团队理念、目标和文化。”

从中，我们不难发现这群青年对“理念”的珍视。“理念先行”，是空间众多运营规则中的第一条。理念，不只是paper work；在一个共识化、文案化和相对明晰化的理念下行动，追求言行一致，可谓是碧山创办之始最闪耀的原则，也是碧山六年来最可贵的坚持。

我常将其称为“正向逻辑”。这是一种从初心和价值观出发，筛选并聚拢资源，实现以使命驱动的成长；与之相反的，则是从机会和社会热点出发，掠夺甚至骗取资源，实现一种以利益驱动的成长。后者的逻辑似乎主导了我们这个时代的成功，以至于很多“非营利”部门都迷失了自己的定位，放弃了自己的价值。

无论其存与废，都是对投机主义的深刻批判

是的，碧山最终还是落幕了，但落幕不意味着失败，存续也不意味着成功。谁都无法否认，碧山曾结结实实地存在过；无论其存与废，都是对投机主义的深刻批判。现在看来，碧山的很多做法都几乎正好与现在的成功学背道而驰。在微信还未流行的年代，微博、人人网等社交平台也足以承载这样一个激动人心的想法，然而这份充满“情怀”的“简述”却从未公开传播过。

时至今日，“碧山”这个名字并不为人所知（经常被误解为另一个乡建项目），更不用提它的前身国光。这个号称“公共”空间的人气，一直以一种极其克制的方式聚集。六年来，这个空间面临过多次停办的危机，却十分有趣地一直保持着这种克制。正是这种克制，使得碧山成为碧山，而不是各种其他青年、文化、读书、创新空间。

从硬件上，国光、村口、碧山，都可谓极其简陋。国光是厦大校内的一座老

房子，村口是一间夏暖冬凉的铁皮舞蹈教室，碧山则是一座市井平房。三个“空间”都毫无装修可言，桌椅、书架、床铺、书籍，肉眼可见之一切全靠捐赠，也就毫无统一设计之美感。如果你要做碧山的沙发客，需要跨过一条脏水沟，麻烦一家杂货店兼废品收购站的老板让让路，走过阴暗的走廊，路过还在滴水的潮湿的厕所，再推开一扇斑驳的门。如果你是女孩子，或许还可以睡在简陋的上下铺上，而男生基本都是在阁楼板上打地铺。对装饰的克制，体现着价值观，显然也成为一种门槛，不动声色地将一部分人拒之门外。而软件上，这种克制则更体现了碧山的精髓。

空间是中性的，是一个几近于“无”的概念

高质量的交流取决于高质量的人，但不太取决于高质量的空间。空间是承载人的地方，什么人的气场充斥这个空间，这就是个什么空间。

梅贻琦说大楼与大师，此之谓也。一块草坪、一个桌游吧、一隅 ATM 的小屋、一座民宅都只是空间而已。国光—村口—碧山场地的固定化，无疑也是一个极其重要的标志。它标志着思想的交流，有了日常化的可能，它将融入一种生活，成为一种习惯。

但是，须知这种固定化，也必须内生于人的需求。足够多的人，足够强烈的愿望和足够一致的想象，才促成了这个固定空间的诞生。强扭的瓜不甜，个人的努力（一个人说得天花乱坠），外部的资源机会（有钱、有场地），都不是一个指向“公共”的理念能达成和做好的关键因素。

这就是空间的神奇之处，它是中性的，是一个几近于“无”的概念。从无到有，“一生二,二生三,三生万物”，而这一切，源于“道”。空间中的人都能围绕、感知且认同这个“道”，则存；否则，则亡。而一个实体的空间，可能只是“道”的发展过程中，一个最可见可感的承载物而已。

空间聚集起了个体，谁又来聚集空间呢

2011—2012 年，伴随着国光—村口—碧山的，是许多“空间”的兴起。其中相当著名且有影响力的，非北京的“706 青年空间”莫属。

2012 年创办的 706（其前身为 2011 年的 ICU）地处五道口，虽然自始至终在资金上捉襟见肘，但却有着得天独厚的软件资源。学者、学生、网红、公益人、诗人、记者、艺术家、留学生，等等，一时间在这里风云际会。与碧山不同，这是一个相当“开放”的空间，也是一个相对大、多元，也有那么一点点“乱”的空间。

无疑，在名气上，706 远超碧山；各地青年来到 706，受到浸染，回去复制此模式者亦大有人在。各地的“空间”在兴起，北京的 706、厦门的碧山、重庆的洛克、广州的叁楼、上海的 SS、成都的 88、长春的 43、南昌的知行、西安的知无知……究其背后的原因，也难以简单归因于某一个先行者的影响。空间聚集起了个体，谁又来聚集空间呢？

很多人想象中聚集各种空间的峰会，似乎并没有发生。然而，这并不意味着空间之间是独立存在的。空间的交集，无外乎空间中的人的交集。这些人，显然不用通过六度，只需两度或三度，就可以认识。

分化是一种可怕的力量

精神的交流搭建了深层的人际关系，带着这份关系以及共同的体验和想象，原来毕业生们走上了各自的职业路途，并在各自领域交叠的地方再次相遇。

时间历练了往昔的少年，增加了一个人的智识与视野，曾经相似的经历和回忆意味着信任的基础仍在；无须太多寒暄，交流、碰撞乃至合作则会在很短的时间里达成。当然，正如思乐所说，时间也分化了这些青年，种种因素也限制着他们再次相聚，更难提合作。

碧山落幕引发的遗憾，一定有着对“难再聚”的遗憾。因为这些人知道，“聚”这个字并非像字面这样平白、朴实甚至有点娱乐意味，“聚”是很多事情能够发生的前提。虽然关系仍在，但一个实体的空间，仍有着它无可争辩的、极其重要的象征意义。很多人提到一个时代的结束，我觉得难免夸张。

但这也展现出某种现状，极目所见，这些多少已经处于职业上升期的曾经的青年已经从有闲没钱，变成了有钱没闲，聚少离多；而新的年轻人也已经越加少有对公共议题的关注和对公共空间的想象。关于 2011 年发展起来的一批公共（青年）空间的缘起、立意、运营及影响，目前还没有看到十分成型的研究。这个题目现下显然已经过气，甚至也是不合时宜了。然而，报道少、关注少、研究少，都不意味着这件事情没有价值。

如果把当下种种“空间”的现状与当下社会政治经济现状和“空间”这个词的本义联系起来思考，就不难发现很多现象背后的原因。开头说公共空间的落点是人际关系，实则不全然如此。如果再去追问人际关系的落点，就会发现空间的落点实际上就是“空间”。这个“空间”，是一种格局、安全感和自由，是跟空气和水一样不可缺少的东西；它承载着人们的想象力，免于自我审查的交流，和去创造一个更加美好的生活和社会的勇气。

愿每颗心纵使颠沛流离，也不乏所属；上下求索，终得见碧水青山。

（作者系NGO从业人员，公共空间的观察者、参与者和实践者。来源：NGOCN微信公众号。）

热公益下的冷思考：
我为什么不做公益了

不语先生

引言

是的，公益是大众的公益，是每一个人的公益，不应该设置门槛。但公益行业机构要有门槛，公益创投项目要有门槛，公益行业人才要有门槛。只有合理的门槛，而不是门面，才能真正实现“天下为公，益暖中华”的宏愿，才能激励公益人在实现公益梦的征程中变得温暖有力。

这篇文章我好早前就想写了，动过几次笔，都没有写完，直到今天，我才决定无论如何也要写完它。毕竟拖太久了，该到总结的时候了。

看到这个标题，关心我的人可能会有疑问，他怎么不做公益了？是不是变了？大学以来，很多人对我的印象都跟公益有关，突然说不做公益了，难免会觉得陌生。的确，公益对我来说是最重要的关键词。

简单说说我的公益经历吧。

大一期间，我加入校青年志愿者协会，开始参加各种志愿服务活动，几乎每周都会参加两次校外实践，主要服务儿童领域，接触过留守儿童、自闭症儿童、聋哑儿童、智力障碍儿童、孤儿等特殊儿童，开展过义务支教、宣传倡导、阳光助残、经济帮扶等公益活动。在此期间，我给自己的定位是，努力成为一名优秀的志愿者。

大二期间，我对公益有了更深的认识，开始注重思考，而不是一股脑儿地参加各种公益活动。公益的领域太多了，不可能全都涉及，于是，我产生了专注妇女儿童领域公益活动的想法，并且开始结合专业所学的理论、技巧和方法去设计、策划一些公益活动和项目。这种情况下，那年暑假期间，我们策划了一个很成功的夏令营。与此同时，也诞生了妇女儿童发展协会。在此期间，我给自己的定位是，努力学习专业知识，争取做一名合格的社会工作专业人才。

大三以来，我开始接触社会工作专业实习，在社工机构做实习生，服务失独家庭和空巢老人。与此同时，我经常参加社会组织交流活动，也到武汉、深圳、无锡等地交流学习。在老师的帮助和指导下，我牵头成立了一个社工机构，开始学习项目设计和管理，并更加重视理论学习。我也开始尝试申请政府购买服务，并获得了省市级公益创投的支持。在此期间，我给自己的定位是，用几年的时间，努力成为一名有效的管理者。

我是由衷喜欢公益的。青年和公益，青春和志愿，相同的志趣促成了公益的相逢，公益的离合见证了人的聚散。公益，对于旁观者来说只是一个故事，对于亲历者来说，却是真实的喜悦和感伤。

几年前，我认识了自闭症孩子符鑫，接着认识了希望小学的孩子程瑶，后来又认识了聋哑孩子谢娇，再后来又认识了智力障碍孩子杨睿，然后又认识了 SOS 儿童村的孩子肖志芳……我没有停止去认识这样的孩子，我很高兴有机会去认识这样的孩子。他们是孩子，在孩子面前，我也是孩子。我渐渐发现，跟孩子生活在一起我会很开心。同时，我也深知，不管是成长在怎样的环境，不管是拥有怎样的缺陷，每一个孩子都应该得到社会的尊重和保护。我也由衷希望，孩子们能够抓住一切机会认识自己，认识他人，认识自己的祖国，让他们增长智慧美德之余，更可体会世界的转变和希望。

在过去的几年，我做过很多的公益。但我却无法总结出我到底做了些什么。有时候，我像一只无头苍蝇，带着一个天真的公益梦到处飞撞。但我能真切感受到的、感触最深的，是被需要。被需要是一种幸福，我们每个人都曾感受过或者有机会、有能力感受到这种幸福。我也曾说，当我们无法用金钱和权力去帮助那些需要帮助的人时，最好的方式是陪伴，而最好的陪伴是坚持。我相信，人间总会有每一个人都能够感受的正能量和幸福。

我曾经是这么想的，是的，很傻很天真。随着做公益的时间越长，接触的人越多，了解得越深入，我对公益的美好幻想渐渐发生了变化。

2013 年 10 月，民政部门出台《关于对部分社会组织直接登记的通知》。该通知指出，设立工商经济类行业协会（商会）、科技类社会团体、公益慈善类组织、社会福利类组织、社区服务类组织，统一由民政部门直接登记，不再需要业务主管单位审查同意。社会组织直接登记是社会组织管理体制改革的重要举措，也是民政部门改进登记服务工作的新尝试。于是，大量公益慈善类组织包括基金会、社会团体、民办非企业单位纷纷注册成立。社会组织的春天要来了，慈善公益的春天要来了。

春天的确来了。随之而来的，还有更多、更大、更实际的支持，最明显地表现在三个方面：社会组织公益创投支持，社会组织孵化基地建设，社会工作专业人才培养。然而，恰恰就是这三个方面，让我认识到公益的乱象。

就公益创投而言，各种类型、不同级别的创投纷至沓来，民政部中央财政项目申报、省市民政厅公益创投、中国青年志愿服务项目大赛、青少年公益创投和青年空间购买服务、妇女儿童项目公益创投、中国公益慈善项目大赛、中国社会创新奖、中国公益论坛“中国公益行动奖”、责任中国公益盛典等，不胜枚举。可这些公益创投项目真正落到实处了吗？真正落到需要支持的组织和群体身上了吗？

公益创投一经推出，社会组织纷纷向创投主管部门递交项目申请，虎视眈眈地盯着有限的创投基金，都等着政府部门为自己的项目买单。由于大多数社会组织都是刚成立或者成立才一两年，之前没有项目申报的经验，加上机构工作人员基本是全职少、兼职多，工作能力和水平参差不齐。因此，这些社会组织临时赶工写出来的项目书，质量也是良莠不齐。加上没有形成专业的评估体系，项目的合理性、有效性、创新性都无法保证，创投主管部门也只能根据领导和临时组成的专家评审筛选出一些觉得比较满意的项目。中标的机构就如获至宝，同时也认为自己的项目得到了认可，于是同一个项目投完市里投省里，更有甚者换个名字，投完今年投明年。没有中标的机构只得继续努力，争取下一年能够想方设法中标。如果把公益创投比作粥，把社会组织比作僧，那么，“僧多粥少、众僧抢粥”的现象无处不在。

就社会组织孵化基地而言，民政部门建立一个，共青团部门建立一个，妇联建立一个，然后相对应的省、市、区（县）再又分别建立一个。孵化基地建立的目的，是为成长有困难的社会组织（大多是慈善公益类社会组织）提供必要的办公场地、政策指导、意见咨询、活动策划等相关的支持和帮助。孵化基地的初心是好的，但它的实际作用并没有发挥出来。我所了解的孵化基地中，的确有做得不错的，但多数是空有其名、徒有其表的。孵化基地的建设和管理涉及很多因素，有主管部门的因素，也有社会组织的因素。比如，入驻的社会组织本身就是一个空壳，登记注册之后，在孵化基地举行个仪式挂个牌之后就无事可做、无工可做了。

甚至还有些社会组织在省、市、区（县）各级孵化基地都入驻一遍。这就造成了孵化基地“空心化”现象，导致很多社会组织孵化基地金玉其外、败絮其中。

再有一个，就是培养社会工作专业人才。2006 年，党的十六届六中全会提出了建立一支宏大社会工作人才队伍的社会建设方针。从 2006 年到 2016 年，10 年的发展历程，中国社会工作在职业化、专业化和本土化方面有了巨大的进步，不管是从人才队伍、服务领域还是组织体系、制度建设方面，中国社会工作都取得了斐然的成就。但是，发展过程中存在着许多问题，社会工作专业人才的培养就是问题之一。

高校社会工作人才培养暂且不说。慈善公益类社会组织的人才培养是直接跟慈善公益相关的。近年来，公益领域的专业人才确实越来越受重视，相关的政府部门也积极组织培训、讲座、论坛，鼓励相关从业人员参加社会工作专业人才职业水平考试。政策一出，社会组织工作人员、社区居委会工作人员、志愿者以及相关从业者都开始重视并着手准备考社工证。就这样，名不见经传的社工考试也变成了慈善公益圈一年一度的“热考”。

还有就是，我个人很反感做公益打苦情牌、唱苦情戏的人。很多人一上来就以公益前辈自居，说自己做了多少年公益，服务了多少人群，过程是多么多么的艰苦，自己又是怎样在恶劣的环境中熬下去挺过来的。这种事情，第一次听你会觉得很敬佩，听了无数次之后，你会无感甚者觉得尴尬。的确，我可能不理解他们的苦衷，但起码公益我也做得不少，但我觉得很快乐，我是有这样的底气的。人与人之间的相处很奇特，不是互相吹牛，就是互相比惨，似乎只有通过互相吹嘘才能表现出彼此好生活的惬意，也似乎只有通过互相比惨才能收获到彼此苦日子的同情。所以，做公益的过程中，不停地比惨、诉苦，同样让我反感。

除此之外，慈善公益组织缺乏活力，人才和管理不够专业，关起门来搞建设，极少数的组织占用了极多数的资源唱独角戏，组织之间相互攻讦，利用道德绑架……种种乱象时有发生。

所以，当我无法改变现状又不忍接受现实时，我唯有停下来，再努力学习。努力让自己变得能力更强、胸怀更广，眼光更加长远。我不会忘记公益带给我的感动和热爱。我会回归的，当我以全新的姿态回到公益的时候，我希望是理性的，是合理设计的。我希望会有更多的人和我一起感受、传递、创造公益的温暖和力量。

壹基金的口号是："尽己所能，人生公益。"的确，公益是大众的公益，是每一个人的公益，不应该设置门槛。但公益行业机构要有门槛，公益创投项目要有门槛，公益行业人才要有门槛。只有合理的门槛，而不是门面，才能真正实现"天下为公，益暖中华"的宏愿，才能激励公益人在实现公益梦的征程中变得温暖有力。

公益往往和幸福是相互连接的。关于幸福，我喜欢一个流传久远的表达，即梭伦所说的，幸福是"中等的外部供应，做着高尚的事情，过着节俭的生活"。从另一个意义上说，幸福就是能够抵御不幸，能够从不幸的打击中恢复过来，从挫折和失败中重新站起来。公益恰好有着这样的功能。多年的公益经历让我明白，人要有承受外力打击的能力。对于我们来说，我们要求自己生活面不要太窄，拥有从自己的经验里提炼出来的信仰，还要有一点不放弃的决心。最重要的，我们能够永远发现事物美好光明的一面。我们坚信，爱和专注是世界上最温柔的力量。

我仍然像以前一样，保留着天真的想法。我相信公益是美好的，我也希望我的朋友无论走到哪里，走得多远，都能永葆善良和热爱。如果你愿意，我希望我们一起做温暖有力的公益，做合理幸福的青年，优秀自己，温暖世界。

我们启航，去寻找一盏灯

邹妙玲

引言

致那曾经的岁月，致那曾经火热的理想，致那所有不曾忘怀的记忆。

人生的一切都息息相关，血肉相连，最虚幻的理想与最现实的生活凝结，生成的日子各有滋味。在公益慈善的路上，我一边探索，一边总结。此文，权当自勉。

西部计划大学生志愿者开展寻梦之旅

2005年，我的人生面临着一个重大的选择。

那一年，我已经被保送暨南大学的新闻学研究生。但经过本科四年的学习，特别是大四那一年到了《贵州日报》实习，了解了更多贫困山区的需求，接触到更多为了理想而志愿到山区支教的老师，为有需要的人服务的念头就一直在脑中缠绕不去。甚至，我开始“看不惯”生活中他人的细小“毛病”。就是在那一年，我提出了保留学籍，参加大学生西部志愿者计划，离开了广东到广西天等县统计局服务，成为一名农村经济调查队队员。那一年，我阅读最多的“课外书”是县城里的统计分析。我将市场上每一样食物的统计编码背得滚瓜烂熟，这样就可以协助同事登记统计数据。就是那一年，我找到了关注西部助学的公益网站“心守家园”。

“心守家园”是由扶贫接力计划志愿者发起的助学网站和志愿者交流平台，一方面，关注志愿者的相互交流；另一方面，提供信息，打造公益助学平台，让贫困山区学生与社会热心人结对子资助。我成为其中一名走访志愿者，开始每周末到乡村里寻找需要帮助的贫困学生。那一年，我和伙伴们走遍了天等县13个乡镇，还走路进入了偏僻的近南村和苗村等山村。这些山村，连办公室下乡做统计工作的同事都没去过，他们只对我们竖起了大拇指：“你们太勇了！”

天等县98%的人都是壮族，壮语是他们的家乡话，而村里大多是老人和留守儿童。我们就是凭着手势和简单的交流，调查他们的生活和经济情况，给他们填写助学申请表，经过筛选，然后发送上网，帮助他们寻找热心资助人。

也就是那一年，我在《珠海特区报》写作了"志愿者手记"专栏，给城市的人介绍山区学校、代课老师、山区学生和志愿者生活。凭借着爱心网站和专栏，我们为60多名贫困学生找到了结对帮助，还收到了全国各地热心人快递过来的衣服和课外书。后来，好几位资助人都从外省去到了天等县探访他们资助的孩子，复旦大学的一位老师还给其中一所学校捐赠了电脑室。

一年过去，我结束了天等县的志愿服务。在饯行宴上，县宣传办的一位老大叔红着脖子给我敬酒："你做了我们应该做的事情，说了我们不敢说的话。"

从那时候，我确立了我人生事业的方向：将爱心和职业有机结合起来，做一个"全面发展"的有心人。

从广西回来后我继续读研，同时也从一线志愿者岗位上退下来，成为二线志愿者——担任"心守家园"等资料组负责人，后来还担任了"家园纪事"版的版主。毕业前夕，我在暨南大学校园里开展了西部山区图片展和募捐物资活动。远在大学城里的中大、华师和广外不少学生都捐出了衣服和书本等物资。还记得，我冒着雨一次次往返大学城整理打包物资，从生活费里挤出钱来做运费，心中有自豪又有凄凉。有心的人很多，但能坚持身体力行去做事的人很少。可是，总有人要选择走一条"人少的路"。广西孩子们的来信，当地老师给我的反馈，热心资助人的鼓励和支持，这一切都成为我一直走下去的动力。于是，我一路走下来了：和志愿者们一起参加心桥助学的培训分享，去美新路谈"大朋友"写信项目，去与更多公益慈善同行者为心中的梦想而奋斗。

公益慈善就成了我生活中的一部分。那时的日子，充实而满足。

爱心佛山记者，理想与现实对接

2008年7月，刚从暨南大学研究生毕业的我应聘进入了佛山日报社工作，担任都市新闻中心社会民生新闻记者，主要负责公益慈善新闻报道的采写。从此以后，我的新闻事业与公益慈善事业联系在了一起。

刚开始担任公益慈善版面记者时，我认为自己已经初步实现了读书时树立的理想。通过媒体的爱心平台，我担当起求助者和社会热心人的桥梁，也挖掘着这个社会中的好人好事，提供着更多正能量。

在报社里，我是一名草根记者，专跑公益慈善民生，在穷人堆、大病重病群体中穿梭，尿毒症、白血病、肝癌肺癌、再生障碍性贫血、红斑狼疮、乳腺癌、麻风病……活生生的个案将我从一个“无知”少女变成了各医院里的常客。在这家医院，曾有两个名字一样的20岁女孩因为患上同样的再生障碍性贫血，一个经过我们的劝说捐赠了眼角膜，一个在社会的帮助下每天有人自愿捐给血小板，她们同样都在一年内就去世；在另一家医院里，一个双目失明的30岁姑娘每周要去洗肾两次到三次，如果筹不到钱就每周去一次。

除了困难群体，义工、社工、热心企业和民间NGO群体也是我关注的重点。

爱心手工坊、传递爱心点燃希望爱心QQ群，好友营、苗圃行动、志愿者自驾车服务队，打工者之家、乐助会、麦田计划、星儿特殊教育培训中心、南海慈善会……脑海中浮起一个又一个熟悉的义工和社工机构名字，又浮起一个又一个的义工和社工的面孔。我已经数不清我们一起走访过多少贫困家庭，一起多少次到韶关、怀集、罗定等山区助学。我们一起见证着学校图书室的成立，见证着重病患者的再生，见证着危房改造后变新房，见证着他们由哭到笑，又由笑到哭。我看到他们的激情和行动，也看到他们的问题和犹豫。

借助着“爱心佛山”的版面平台和优势，从2009年开始，每年7、8月开展的“金秋助学——资助贫困大学生”活动也日渐发展壮大，现在已经成为《佛山日报》的一个品牌。我在其中付出了汗水。但更重要的是我们实现了一个愿望：搭建心连心的桥，让热心人找到了求助学生，也让求助学生找到了圆梦的途径。2012年，我们还做起了公益慈善大赛。是的，一切都正风生水起，我却“病入膏肓”了。

朋友们都打趣我走的是极端路线。一方是家徒四壁等救助的人，另一方却是手挥目送有时日进斗金，随便发个善心就能助人解燃眉之急。而求助者时常夸大其词，甚至捏造自己的惨状，某些打着无私奉献的义工也一直打造着自己的光辉形象，说的话不像人话……

社会上的人和事并非黑白分明，总有太多的灰色在渗入我们的生活和工作，一些敷衍的人物被标上了爱心标签，而另一些鲜亮明活的生命却在一次次的延期中魂归天国。在报社工作4年，我一直体验着这冰火两重天，有时一直问自己：

为什么？为什么？为什么？我执着地明确一切公益慈善的动机，我吹毛求疵地看待着活动的程序细节。我逐渐怀疑工作的意义，我甚至开始怀疑人生。

我想我依旧需要时间去“包容”一切，学会接受真实的世界，学会和这个世界妥协，学会在这个灰色的世界里保全自己，更好地去做有意义的事。我需要学习更多义工社工的知识，知晓问题所在，知道出问题后怎样去改正，知道怎样防止出现类似的问题……2012 年 6 月，我去考了助理社工师，然后参加了心理咨询技能培训班。

我想，即使我的方向还是有点模糊，但是，我可以一盏灯一盏灯去点亮，然后，整条街都可以变得灯火辉煌。我一路走下去，总有一天发现我可以停歇的码头。然后，坐着船，为更远处的灯，起航。

国外支教，收获不一样的生活体验

2012 年 7 月，我离开了报社，远赴印尼万隆三一学校担任华语老师，支教任期为一年。

从做孩子有趣的大朋友到自觉传承中华文化，从每天上课下课到回家煮饭上网，从早上到晚上，从开始到结束，这一切都是一个人的修行。学会更淡定，学会更清楚看自己的路，学会更认真负担自己的责任，学会更包容这个灰色的世界，学会更好知行合一，学会更好与自己相处，学会做一个更有趣的人。

在学校里，我主要负责幼儿园 7 个班的中文课程。面对牙牙学语的 2~6 岁亚裔后代小朋友开展非母语的中文教学，除了考验讲课经验，更考验创造力。

要让学生喜欢汉语，首先得让他们感兴趣。在教恐龙主题时找出他们最喜欢的动物，让他们代表他们喜欢的东西组队来比赛。比赛的内容包罗万象，除了朗读诗歌、认字、听写简单生字，还包括学唱儿歌、日常生活内容表达等。于是，小朋友争强好胜的心理就涌现出来了，最调皮的学生更希望赢，学习的时候就更上心了。除了日常课程，我还设置了中国文化专题。借助视频、图片等资料，陆续给孩子介绍了中国的节日、中国的著名景点和食物、中国的乐器和特色文化，孩子们都很喜欢。在介绍中国食物的时候，我们介绍了筷子、筛子和勺子，还举行了筷子夹花生比赛，孩子们都乐坏了。我们一起剪窗花，一起画脸谱，一起学做中国结，一起“秀”唐装旗袍，一起写毛笔字，一起玩中国民间游戏……我挖空心思利用各种道具扮演孩子们的“大玩具”，一边玩一边学，还辅导学生获得了当地中文诗歌比赛一等奖。

而在那个宗教氛围浓郁的国度里，思维方式的不同，办事方法有差异，生活习惯等也千差万别。在这一年的国外生活中，我获益良多。孩子们的眷恋最是放不下。

在那里，像所有去支教的老师一样，我的名字是“laoshi”。我走在走廊上，走在教室里，甚至去上厕所，孩子们也会堵在门口连声叫“laoshi”。有爱闹的学生会一直敲厕所门，“laoshi laoshi laoshi……”支教结束，我要回国了，在课堂上和孩子们说：“再见，我爱你们。”有一个调皮的孩子故意说：“我不爱你。”我的双眼唰地红了。下课后忍不住跑到厕所里大哭一场，回办公室时却发现那个小女孩等了我好久，一见到我就上来抱大腿，“laoshi，I love you. I love you！”

扎根本土，踏实做事

2013 年 6 月，我回到佛山，重新出发。两个月后我应聘到佛山市慈善会工作，主要负责宣传策划和助学等工作。在这里，我探索新媒体运营，我和以前熟悉的媒体朋友打交道，我的角色由记者变成了通讯员，力求写出大多数记者都不用修改而可以直接上版的通讯稿。每年在各个媒体上发布市慈善会相关新闻消息 100 多条。

运用“慈善 +”思维，我们一起探索创新与媒体的合作形式，一方面与合作方举行活动。例如与佛山电视台共同发起“长者饭堂”线上线下募捐活动、与佛山电台合作主办异地务工人员子女公益艺术课堂系列活动，与《珠江青少年》杂志联合开展慈善文化进校园系列活动等，将公益慈善项目和慈善文化结合起来，扩大了公益慈善传播的范围。另一方面通过与媒体合作成立冠名基金。例如，和佛山电视台共同运营小强热线爱心基金，与《佛山日报》运营佛山日报爱心基金，与佛山电台合作“一升油，一声爱”慈善基金、爱与音乐同行基金，与《珠江青少年》杂志运营珠江青少年爱心基金等，通过运营爱心基金的同时带动慈善宣传和慈善活动开展。

与此同时，我一边学习一边探索，曾参加社会企业家、公益传播等相关培训，开拓社会服务的视野和思维。此外，我一直笔耕不辍，陆续在《南方都市报》和

《佛山日报》上发表多篇关于佛山社会企业、公益筹款方式、公益项目大赛、“互联网 + 慈善”、待用公益等相关内容评论文章，希望能推动佛山公益慈善的发展。

年轻的心，总在路上

我还年轻，我的双脚还灵活，我的脑子走路也很快，我的眼睛还在扫射着美景。等这一切风景都看透，细水长流的日子沉淀下来，那将是毕生的财富，也将为更多的生活找到更好的意义。

我相信身体力行，我相信以身作则，我相信有志者事竟成。我依旧相信属于自己的纯粹。我相信，前路漫漫，但远处总会有一盏灯，那是我一直寻找着的伊甸园。无论去路如何艰辛，那盏灯值得我去披荆斩棘，值得我去流汗流泪，值得时间让我从满头黑发变成白发老媪。

公益慈善就是那盏灯。人们说，公益慈善就像是初恋，只要心中有了她就永远也忘不了。而我知道，她是我的恋人，喜欢上了，那就努力去追求。在这一点上，我就像古代女子，当男子看到了她纱巾下的容颜，她就认定他是她的一辈子。即使他有这样那样的毛病，有这样那样的不顺心，但，认定了就是认定了。

在这个浮躁的世界里，人并不是那么容易找到法子安心地、长期去帮助一些真正值得帮助的人。更多人也不知道怎样才能更有效果地帮助到他们。我想去找到他们，和他们一起去做好更多梦想的事情。

具体的公益慈善行动也好，公益慈善报道也好，公益慈善研究也好，它们是一个有机的整体，一环扣一环，形成了一个轨道，我这个开火车的人，顺着轨道就寻来了。我希望能开着火车继续走下去。在这个火车上装着的是我对恋人的心，是对恋人的逐渐了解，希望能与恋人一起同甘共苦，一起变得更美好。

这一切，有赖于您的成全。谢谢您的成全。

（作者系佛山市慈善会工作人员）

《善行天下》征订单

习近平总书记指出：“民政工作是‘菩萨’事业。做‘菩萨’事业就得怀着菩萨之心，怀着大爱之心、爱民之心。”

做慈善工作，更需要有“菩萨心肠”。《善行天下》由中华慈善总会组织编辑、中国社会出版社出版发行，是反映我国慈善公益事业发展的权威读物。它既介绍各地政府和部门及社会组织宣传、普及《中华人民共和国慈善法》的经验，也报道企业和个人慈心助人、善举济世的故事，还刊登民间力量创新慈善公益事业的做法，以培养积极的慈善意识，激发科学的公益思维，更好地践行社会主义核心价值观。

欢迎各级民政部门和慈善组织征订《善行天下》，助力“菩萨事业”。

定价：50.00 元 / 册　　**2020 年全年 2 册 100.00 元 / 年（含邮资）**
2021 年全年 4 册 200.00 元 / 年（含邮资）

★银行汇款：
开户银行：招商银行北京分行营业部
户　　名：中国社会出版社有限公司
账　　号：860186144910001
行　　号：458
联 行 号：308100005027
注：汇款之后需在一个月内开具发票，过期不予补开

★邮局汇款：
通信地址：北京市西城区二龙路甲 33 号新龙大厦 4 层
收款单位：中国社会出版社有限公司
邮　　编：100032

联 系 人：时建明（010）58124867　　传　真：（010）58124866
王志航（010）58124865

《善行天下》订购单

订购单位			接收电子发票的 QQ 邮箱		
收书地址					
联 系 人		联系电话		邮 编	
2020 年订购套数	单价（¥100.00）×　　套 =　　　元		全年 2 册，100.00 元（含邮资）		
2021 年订购套数	单价（¥200.00）×　　套 =　　　元		全年 4 册，200.00 元（含邮资）		
合计金额	大写金额：　　　元				
发票单位名称			汇款方式	邮局 / 银行	

▲订购回执回传方式：1. 扫描订单左边二维码填写并提交电子订单（重点推荐）　2. 电子版信息发至邮箱：3056345766@qq.com　3. 传真：（010）58124866　4. 邮寄：北京市西城区二龙路甲 33 号新龙大厦 4 层　收件人：王志航　邮编：100032
▲如需电子版征订单的订户或咨询其他事宜，请与 QQ 3056345766 联系。